Sarah Sophie Koch

ERLAUBE DIR, DU SELBST ZU SEIN

Wie wir uns von limitierenden Rollen befreien und erkennen, wer wir wirklich sind

Für Constantin und Lilly

INHALT

VORWORT

WIE ALLES BEGANN

»... ich bin dann meinen Weg gegangen und habe mich aus all meinen Komfortzonen befreit. Ich habe einen Lebensabschnitt hinter mir gelassen. Oder wenn ich ehrlich bin: ein ganzes Leben, das mit vielen limitierenden Rollen belegt war.«

SARAH SOPHIE KOCH BEI EINEM VORTRAG IM HERBST 2022

An meinem ersten ganz freien Wochenende nach meiner Trennung wollte ich mein neues Leben feiern; stattdessen war ich verloren, einsam und haltlos. Ich saß im Ruheraum eines Wellnessbades, trank einen Schluck Wasser und schaute in den großen Spiegel mir gegenüber. »Wer bin ich jetzt eigentlich?« Diese Frage schoss mir durch den Kopf. Und ich kannte keine Antwort darauf. Ich wusste nur, was ich alles nicht war: Ich war keine Ehefrau mehr. Ich war an diesem Wochenende auch nicht in meiner Mutterrolle. Moderatorin war ich auch nicht mehr, wenn auch ganz bewusst: Ich hatte meine Karriere im Fernsehen aufgegeben, um mich voll meinen Kindern und meiner Berufung als Coachin zu widmen. In der Corona-Zeit musste ich meine Praxis allerdings zeitweise schließen, um Kontakte zu vermeiden; also fühlte ich mich in dem Moment nicht mal mehr als Therapeutin. Die Frage gab mir aber den Impuls, mich nicht mehr weiter in das hineinzugraben, was ich alles *nicht* war – und stattdessen danach zu suchen, wer ich wirklich bin.

Ich hatte doch gedacht, ich wäre befreit, wäre am Ziel angekommen. Doch nun war ich unsicher, wusste nicht mehr, welche neuen Rollen für mich bereitstehen würden, welche wirklich zu mir passten. Und wer war ich überhaupt ganz ohne diese äußerlichen Rollen?

In diesem Moment fühlte ich mich nackt. Im wahrsten Sinne des Wortes war ich das auch: nackt, nur mit einem Bademantel bekleidet. Doch es war mehr: Ich fühlte mich hilflos und allein.
Dieser Moment war meine ganz eigene Offenbarung an mich selbst. Mir wurde bewusst, dass ich nichts über mich wusste und noch lange nicht am Ziel war. Eigentlich hatte ich die ganze Reise erst noch vor mir, war gerade erst aufgebrochen.
Auf die Reise zu mir selbst.

Die Vision zu diesem Buch und den Wunsch, es zu schreiben, habe ich schon einige Jahre lang in mir getragen. Doch erst jetzt war die Zeit reif dafür – und vor allem ich. Der Philosoph und Unternehmer Naval Ravikant hätte es nicht treffender formulieren können. James Clear zitiert ihn in seinem Buch *Die 1 %-Methode – minimale Veränderung, maximale Wirkung* (Seite 19) folgendermaßen: »Um ein gutes Buch zu schreiben, muss man erst zu dem Buch werden« – genau so! Viel zu oft habe ich in meinem Leben schon Dinge gemacht, zu denen ich entweder persönlich noch gar nicht bereit oder noch keine Expertin dafür war. Jetzt bin ich beides!
Du hältst also das Resultat meiner ganz eigenen persönlichen Reise zu mir selbst in den Händen. Gleichzeitig habe ich in diesem Buch die Erkenntnisse aus Hunderten von Coachings mit tollen Frauen gesammelt, die ich auf dem gleichen Weg begleiten durfte. Daraus sind meine Soulwomen entstanden: eine Typologie von fünf Frauen, mit denen du lernen kannst, dein authentisches Selbst zu finden und zu leben. Die Typologie hilft dir, deine Stärken und Schwächen zu entdecken und die weiblichen Kräfte zu nutzen, um deine Ziele zu erreichen und echte Erfüllung zu spüren. Sie ist meine Antwort – und die meiner wundervollen Klientinnen – auf die Frage »Wer bin ich überhaupt?«. Ich liebe diese Antwort. Ich lebe sie. Jeden Tag. Und mit jedem weiteren Tag noch ein bisschen mehr. Ich bin über-

zeugt davon, dass sie auch dein Leben bereichern kann. In welchem Umfang auch immer – It's up to you! Wie alles im Leben. Es liegt an dir, die Verantwortung für jeden deiner Tage in deinem Leben hier auf dieser wunderschönen Mutter Erde selbst zu übernehmen. Wie du das machst, bleibt ganz allein dir überlassen. Vertrau auf deine Intuition!

Da du aber gerade genau dieses Buch in den Händen hältst, ist das wohl schon ein ganz gutes Zeichen dafür, dass auch in dir die Sehnsucht danach erweckt wurde, dich auf die Reise zu dir selbst zu machen. Falls du nur neugierig bist, ist das auch okay. Ich erzähle dir in diesem Buch von meiner ganz eigenen Reise zu mir selbst und freue mich schon so sehr auf deine.

Go big or don't go at all!

DIE ERLAUBNIS

MEIN ZWEITES LEBEN UND MEINE DREI LEARNINGS

Vor vielen Jahren prophezeite mir ein balinesischer Brahmane – ein spiritueller hinduistischer Priester –, dass ich in diesem Leben zwei Leben haben werde. Damals konnte ich noch nicht so viel damit anfangen, ich wusste nicht, was er meinte. Aber er sollte recht behalten.

Es zwitschern tropische Vögel im Hintergrund und die Klänge eines Windspiels sind zu hören. Alte Motorräder, so wie man sie von Bali kennt, knattern durch die Gegend. Ich fühle mich, als wäre ich dort – an diesem wundervollen, magischen, spirituellen Ort. Paul, ein Bekannter von mir, hat eine Balinesin geheiratet und bietet Palmblattlesungen an. Dabei werden dein Name und dein Geburtsdatum in den balinesischen Mondkalender übertragen und ein Brahmane – ein spiritueller hinduistischer Priester – liest aus deinem individuellen Palmblatt. Es ist eine Art Lebenslauf, der den eigenen Werdegang von der Geburt an bis zum Tod aufzeichnet. Paul nimmt solche Lesungen auf und übersetzt sie.
Ich höre ganz gespannt zu: Der Brahmane erzählt in einem angenehmen Singsang von meinem bisherigen Leben und von dem, was da noch alles kommen wird. Ich erfahre allerhand über mich: Welche Leben ich schon gelebt habe, für welche Krankheiten ich anfällig und mit welcher Lebensaufgabe ich auf die Welt gekommen bin. Vieles ist überraschend, einiges ist nicht wirklich neu für mich. Was mich allerdings über Jahre hinweg nicht loslassen wird, ist die Aussage, dass ich in diesem Leben noch ein zweites Leben haben werde. Das finde ich geradezu beängstigend und es verwirrt mich, denn ich kann mir nicht vorstellen, was das für ein Leben sein soll.

Drei Jahre später sitze ich in besagtem Wellnesstempel. Ich habe meine engsten Freundinnen dorthin eingeladen, um tatsächlich auf einen neuen Lebensabschnitt anzustoßen: Nach dem Beenden meiner Ehe bin ich mit den Kindern nach Köln gezogen und habe dort in gewisser Weise ganz von vorn angefangen. Ein neues Leben – mein zweites Leben.

An diesem Tag in der Sauna habe ich Prosecco bestellt, die Gläser klirren und ich blicke in vertraute Gesichter, die mich auf wärmste Art anlächeln. Eigentlich könnte ich in diesem Moment sehr glücklich sein, weil ich einige große Schritte gegangen bin: Ich habe mich aus Rollen befreit, die mir überhaupt nicht entsprochen und die mich so sehr unter Druck gesetzt haben, dass sich alles nur noch schwer und verdammt einsam anfühlte.

Doch selbst jetzt, wo alles hinter mir liegt, bin ich alles andere als glücklich – das spüre nicht nur ich, sondern auch meine Freundinnen. An diesem Abend realisiere ich, dass ich erst am Anfang eines langen Weges stehe, der mich in mein neues Leben bringen soll. Das macht mich in diesem Moment ziemlich fassungslos. Denn mir wird bewusst, dass ich zuvor ganz viele Rollen gelebt habe, die ich nun nicht mehr ausfülle: Ich war jahrelang Ehefrau, aber das ist vorbei – die Post liefert wieder Pakete an meinen Mädchennamen. Meine Praxisräume in Düsseldorf musste ich mit der Trennung aufgeben – ich bin also auch keine Praxisinhaberin mehr. In den Jahren zuvor war ich die Verantwortliche für Haus, Hof, Hund, Katze, Maus … – das ist nun ebenfalls vorbei. An diesem Wochenende, an dem ich mit meinen Freundinnen in die Sauna gehe, bin ich nicht mal mehr verantwortliche Mutter, denn die Kinder haben zum ersten Mal ihr Vaterwochenende.

Mein äußeres Erscheinungsbild passt in dem Moment zu 100 Prozent zu meinem Inneren: So nackt, wie ich unter meinem Bademantel bin, so fühle ich mich auch. Ich weiß überhaupt gar nicht mehr:

Wer bin ich eigentlich? Auf der Reise zur Antwort auf diese Frage werde ich drei wichtige Learnings erfahren, die ich hier mit dir teilen möchte.

1. SELBSTOPTIMIERUNG IST NICHT IMMER ZIELFÜHREND

Nach dem Abend im Wellnessbad entschied ich: Ich nehme mein Leben wieder selbst in die Hand und mache ab jetzt alles besser. Ich werde mich so verändern, dass ich endlich glücklich werde. Dabei dachte ich jedoch weniger an mein Inneres, sondern arbeitete vor allem an meinem Äußeren: Ich machte mehr Sport, optimierte mein Essverhalten und meinen Schlaf, arbeitete an meinem Job und wollte den absolut perfekten Alltag für meine Kinder erschaffen. Hinbekommen habe ich davon gänzlich wenig – oder ehrlich gesagt: nichts. Ich wurde also irgendwann geradezu dazu gezwungen, genauer zu hinterfragen: Was von mir selbst ist jetzt noch da? Was ist meine Basis? Was und wer bin ich ohne all die gewohnten Dinge in meinem Leben?

2. DIE ERLAUBNIS AN MICH SELBST IST DIE HÖCHSTE FORM VON SELBSTLIEBE

Nachdem ich mir das alles sehr genau angeschaut hatte, kam ein für mich bis dahin ganz neues Thema auf – ein Thema, über das ich so noch nie nachgedacht und das ich in meinem bisherigen Leben auch nicht gespürt hatte. Dabei sollte es fortan ein so wichtiger Schwerpunkt in meinem Leben werden: die Erlaubnis! Genauer gesagt: die Erlaubnis an mich selbst. Die Erlaubnis, die wir uns geben; die Erlaubnis, wir selbst zu sein. Als ich angefangen habe, mich damit zu beschäftigen, wurde ich zu meiner eigenen – bedürftigsten und am häufigsten buchenden – Klientin. Ich beschäftigte mich wirklich grundlegend mit mir selbst und musste dabei ganz tief in meine Coaching-Schubladen greifen. Das veränderte ganz viel in mir.

DAS DATE MIT DIR SELBST

Eine meiner liebsten Übungen ist das »Date mit mir selbst«. Dabei rege ich meine Klientinnen zu folgendem Szenario an: Verabrede dich mit dir selbst zu einem imaginären Date! Schließe die Augen und stell dir vor, du bist in einem Café oder in einem Restaurant. Du sitzt schon am Tisch, dann kommt dein Date herein – und das bist du. Du siehst dich selbst, wie du den Raum betrittst und dich zu dir an den Tisch setzt. Beobachte genau, wie du dein Gegenüber – also dich – wahrnimmst: Was fällt dir auf?
Meistens sieht man dann Dinge, die einem vorher nicht bewusst waren. Als ich die Übung machte, musste ich jedenfalls direkt schmunzeln und dachte: »Oh Gott, ich bin aber wirklich nicht einfach und echt auch ein bisschen verrückt – einfach anders.« Denn als ich mich selbst in Gedanken beobachtet habe, fiel mir auf, dass ich viel zu schnell redete

und viel zu viel wollte. Und meine Visionen und Ideen waren immer so klar und groß, dass ich eine andere Sichtweise oder Meinung oft nicht stehen lassen konnte, sondern häufig meine in den Vordergrund schob. Puhhhh – wie anstrengend ich war ... Und wie interessant diese neue Perspektive!
Wie empfindest du dich? Bist du dir sympathisch? Oder was fällt dir besonders auf?

Als ich anfing, mir zu erlauben, so zu sein, wie ich wirklich bin, habe ich das Date mit mir selbst aus einem neuen Blickwinkel gesehen. Ich nannte es fortan »Das Date 2.0 mit mir selbst« und machte die Übung regelmäßig. Ich verabredete mich häufig in Gedanken mit Sarah Sophie und erlaubte ihr, so zu sein, wie sie ist. Das heißt: Ich erlaubte mir, schnell zu reden, und fand das eigentlich gar nicht mehr schlimm, sondern ganz lustig. Ich erlaubte mir, anspruchsvoll zu sein. Ich erlaubte mir auch, mich nicht für halbe Sachen herzugeben. Und ich erlaubte mir vor allem, verletzlich zu sein. Das alles erlaubte ich fortan nicht nur mir selbst, sondern auch meinen Klientinnen. Und das hatte eine ganz kraftvolle, magische Wirkung: Ich wurde unfassbar erfolgreich. Meine Warteliste wurde immer länger – Klientinnen, die ein Coaching mit mir hatten, buchten schon das zweite und dritte im Voraus. Erst nahm ich diese Entwicklung gar nicht so bewusst wahr und tat sie eher ab als: »Okay, jetzt habe ich eben Pech in der Liebe, aber dafür mal ein bisschen Glück im Spiel, oder in dem Fall im Job ...« Aber daran lag es nicht. Es lag vielmehr an einer klitzekleinen Kleinigkeit, die ich in meinen Coachings verändert hatte: Ich gab den Frauen fortan die Erlaubnis, so zu sein, wie sie sind. Das bildete die unumstößliche Basis. Erst im Anschluss begannen wir zu optimieren, Dinge zu verbessern und Neues ins Rollen bringen. Das wirkte.

Und das ist mein zweites, ganz großes Learning auf der Reise in mein zweites Leben:

Die Erlaubnis an mich selbst ist die höchste Form von Selbstliebe. Und sie ist auch die höchste Form von Freiheit.

3. WENN DAS INNEN STIMMT, RÜCKT DAS AUSSEN AUTOMATISCH NACH

Wenn wir es noch mal auf eine ganz andere Ebene heben, und zwar auf die gesellschaftliche, dann können wir uns fragen, wo in der Gesellschaft uns Frauen erlaubt wird, dass wir so sein dürfen, wie wir im Kern sind. Leider wird uns auch hier keine Erlaubnis dazu gegeben – ganz im Gegenteil sogar. Es gibt vor allem für uns Frauen fast nur Erwartungen, die wir erfüllen müssen. Rollen, die wir eingehen und spielen müssen. Im Umkehrschluss bedeutet das jedoch noch viel mehr: Wenn wir uns nicht selbst die Erlaubnis geben, so zu sein, wie wir sind, dann halten wir uns klein, bedeckt und verschlossen. Dann zeigen wir uns nicht nach außen. Kurz gesagt: Dann leben wir in einer gesellschaftlichen Unterdrückung. Und diese Form von Unterdrückung ist eine ganz außergewöhnliche: Weil wir sie uns selbst auferlegen, obwohl wir sie eigentlich gar nicht eingehen müssten. Es ist also immer eine ganz eigene Entscheidung von uns selbst, für uns selbst! Mein drittes großes Learning lautet daher etwas umfassender formuliert:

Wir können durch die Verletzlichkeit und die Erlaubnis an uns selbst nicht nur zu innerem Frieden und Liebe zu uns kommen, sondern wir können auch noch etwas ganz Großartiges und Wundervolles nach außen erschaffen.

DU BIST NICHT DEINE ROLLEN

»Erlaube dir, du selbst zu sein« ist seit einigen Jahren nicht nur mein ganz eigenes, großes Lebensmotto, sondern auch ein ganz wichtiger Bestandteil meiner Coachings. Die meisten Frauen, die zu mir in die Praxis kommen, stecken irgendwo in ihrem Leben fest und wünschen sich Veränderung. Sie sind sich unsicher: ob das Studium, das sie belegen, wirklich zu ihnen passt; ob der Partner oder die Partnerin an ihrer Seite noch der richtige ist oder sie sich besser trennen sollten; ob ein Kinderwunsch sein muss – oder sein darf; ob sie den Job endlich wechseln oder gar ganz neu durchstarten sollen; oder wie sie Konflikte mit ihren Eltern, Familienmitgliedern und Freunden lösen können.
Die Herausforderungen in unserem weiblichen Alltag sind komplex. Unter anderem liegt es daran, dass wir Frauen in unzähligen Rollen stecken: Mutter, Partnerin, Ehefrau, Geliebte, Hausfrau, Freundin, Karrierefrau, Unterstützerin, Trösterin, Verbündete ... Uns werden viele Rollen auferlegt und mit jeder von ihnen wachsen unsere Verantwortlichkeiten, die Zahl der damit verbundenen Aufgaben und der Druck im Alltag. Wir spüren, dass uns das von uns selbst

entfremdet – dass wir uns mit jeder Rolle weiter davon entfernen, unser volles Potenzial zu nutzen. Dabei haben wir eine solch große Sehnsucht danach, dieses Potenzial zu erkunden, auszuleben und daraus Freude und Lebensglück zu schöpfen. Wir möchten uns selbst spüren und leben.

Es ist so wichtig, dass wir uns bewusst machen, dass wir in der Regel nicht in unsere Rollen hineingezwungen werden. Wir selbst sind es, die sich letztendlich dazu entscheiden, Verantwortlichkeiten übernehmen. Natürlich wachsen wir alle bereits mit gewissen Rollenerwartungen auf, die an uns gestellt werden. Dennoch: Es ist immer unsere ganz eigene Entscheidung, welche Rollen wir annehmen. Und nur wir selbst können entscheiden, uns von denen zu verabschieden, die uns nicht oder nicht mehr guttun. Nur wir selbst können uns erlauben, vollkommen das Leben zu leben, das wir stattdessen leben wollen.

Dass wir unsere Rollen wechseln und überhaupt immer wieder neue annehmen, ist ein ganz natürlicher und für unsere Persönlichkeitsentwicklung ganz und gar wichtiger Prozess. Im Laufe unseres Lebens passiert es ganz automatisch, dass wir mit unterschiedlichen Rollen konfrontiert werden. Als Kind übernehmen wir zum Beispiel mit der Geburt einer Schwester oder eines Bruders die Geschwisterrolle. Wenn wir uns verlieben und eine Partnerschaft eingehen, werden wir automatisch Partnerin. Mit dem Eintritt ins Berufsleben kommt eine neue Rolle auf uns zu. Wenn wir Mutter werden, übernehmen wir selbstverständlich diese Rolle, stellen den Beruf vielleicht erst mal hintan und sind für eine gewisse Zeit eher auf die Versorgung von Kind und Haushalt konzentriert; die »berufstätige Frau« in uns tritt in den Hintergrund. Eine Rolle kann auch ausmachen, dass ich auf dem Land lebe, nicht in der Stadt. Dass ich mich ehrenamtlich engagiere, Verwandte pflege, einer Freundin bei einer Krankheit beistehe oder das Patenkind besonders unterstütze, während seine Eltern eine Trennung durchmachen.

Viele dieser Rollen nehmen wir unbewusst an. Wir »rutschen da irgendwie so hinein« und finden uns plötzlich in einer Situation wieder, die wir so vielleicht nie gewollt haben und die sich auch nicht gut anfühlt. Auch wenn wir zum Beispiel immer Kinder und eine glückliche Familie wollten, können wir uns trotzdem unwohl fühlen damit, dass wir als Mutter jetzt nicht mehr den Job ausführen können, den wir einst ebenso geliebt haben, und stattdessen in einem zu großen Haus oder einer viel zu kleinen Wohnung wohnen und uns den ganzen Tag nur noch um Wäsche, Kochen und Putzen kümmern. Wir können trotzdem die Herausforderung vermissen, uns beruflich zu beweisen, mit Kolleginnen und Kollegen im Team zu arbeiten oder einfach mal wieder ganz in Ruhe zu lunchen und dabei nur über berufliche Inhalte zu sprechen.

Häufig geraten wir auch in Rollen hinein, weil wir anderen gefallen wollen. Die Versuchung, Rollen anzunehmen, ist sehr groß, denn sie geben uns Sicherheit. Hinzu kommt: Wenn wir nicht wissen, wer wir wirklich sind, ist die Verlockung noch größer, unsere Identität in einer unserer Rollen zu suchen.

Wir werden immer Rollen eingehen. Wir werden immer in Rollen leben, und das ist auch wichtig und richtig so, es ist sogar ein Stück weit gesellschaftlich notwendig. Aber ich bin überzeugt davon, dass wir diese Rollen für uns viel besser mittragen und ertragen können, wenn wir unseren wahren Kern kennen und unsere ganz eigene Wahrheit leben. Es ist völlig in Ordnung, bewusst in Rollen hineinzugehen, wenn wir uns selbst dabei treu bleiben. Wir können auch mal eine ganze Woche nur Mama sein, in der Zeit keine E-Mails beantworten, keine beruflichen Termine wahrnehmen, stattdessen nur den Kindergeburtstag ausrichten und rund um die Uhr für die Kids da sein – aber das sollte nie unser wahres Selbst überschatten. Wir sollten uns die Rollen nie so sehr überstülpen, dass wir nur noch in ihnen leben, statt unser authentisches Selbst zu verwirklichen.

LERNE DICH UND DEINE BEDÜRFNISSE KENNEN

Wenn wir uns selbst und unsere Bedürfnisse kennen, können wir viel besser für uns sorgen. Wir gewinnen die nötige Distanz zu einer Rolle und können sie dann für eine Zeit ganz bewusst leben, ohne uns selbst dabei aufzugeben. In meine Praxis kommen viele Frauen, die mit vielen oder im wahrsten Sinne des Wortes schwerwiegenden Rollen behangen und damit ganz und gar nicht oder nicht mehr glücklich sind. Doch sie haben erst nach langer Zeit gespürt, dass sie in einer Sackgasse stecken. Das passiert häufig, wenn man zum Beispiel den Beruf für die Familie aufgibt und dann, wenn die Kinder in die Schule gehen, plötzlich merkt, wie viele Jahre bereits ins Land gegangen sind, ohne dass man seine beruflichen Ziele weiterverfolgt hat. Die Frauen sitzen dann vor mir und sagen: »Ich lebe in einer Ehe, ich habe Kinder und müsste eigentlich mit meinem Leben so glücklich sein. Ich bin es aber nicht, ich fühle mich total einsam.« Vor allem am Abend, wenn alle To-dos erledigt sind, sind diese Frauen häufig einsam und traurig, auch wenn sie am Tag durchaus glückliche Momente erlebt haben. Der Ursprung dieser Einsamkeit liegt in uns! Wir haben es versäumt, unser eigenes Ich kennenzulernen, uns unsere Stärken und Schwächen zu erlauben und all den damit verbundenen Bedürfnissen gerecht zu werden.

Der Wunsch nach Selbstverwirklichung ist oft gerade bei Frauen in der Lebensmitte groß: Sie spüren eine unbändige Sehnsucht danach, sich selbst zu finden und zu spüren. Um dies zu erreichen, ist es wichtig, wirklich die eigenen Ideen, Bedürfnisse und die ganz eigene Superpower zu ergründen. Sonst wird man vielleicht Yogalehrerin, nur weil die Freundin das auch macht und es bei ihr so fantastisch wirkt – obwohl man selbst sich vielleicht eher gerecht werden würde, wenn man sich der Natur widmet und beispielsweise das Imkern lernt.

Wenn du den Wunsch nach einer großen Veränderung verspürst, dann ist es umso wichtiger, dass du deine eigenen Gefühle wirklich tiefgreifend und ehrlich anhörst und nicht fremde Rollen und Sehnsüchte annimmst. Gib dir selbst die Erlaubnis dazu, denn nur du kannst das tun.

ERLAUBEN STATT VERZEIHEN

In meinem Alltag und in meiner Praxis spreche ich bewusst von Erlauben statt von Verzeihen. Zu verzeihen birgt immer noch sehr viel Negatives in sich. Dabei ist es wichtig, etwas Positives zu schaffen: Aus jeder negativen Erfahrung kannst du durch positive Bewältigung eine große Stärke gewinnen. Die Formulierung mag sich zu Beginn ungewohnt anfühlen, aber probiere es einmal aus und sprich einen Satz wie diesen laut – oder ganz laut in dir drin – aus: »Ich erlaube mir, dass mir das passiert ist. Und ich erlaube mir, daraus etwas Gutes zu machen.«

Wie fühlt sich das an? Gerade weil wir Vergangenes nicht mehr ändern können, hält es uns häufig zurück. Die Gründe dafür sind vielfältig: Wir fühlen uns schuldig. Es fühlt sich an, als hätten wir versagt. Aber es ist passiert und es ist gut so. Hier beziehe ich mich nicht auf psychische Erkrankungen oder höchst traumatische Erlebnisse körperlicher oder psychischer Art. Bei diesen schwerwiegenden Themen sollte immer eine Psychotherapeutin oder ein Psychotherapeut vor Ort aufgesucht werden. Meine Arbeit kann lediglich ergänzend dazu helfen.

Bei anderen Themen gilt: Wir bremsen uns nur selbst aus, wenn wir in Schuldgefühlen hängen bleiben. Mit der Erlaubnis an uns selbst, dass wir mit all unseren Stärken wie auch mit unseren Schwächen

handeln dürfen, kommen wir wieder in eine aktive Rolle. Das gibt uns Kraft – die wir in das Hier und Jetzt investieren können.
Ich reise mit meinen Klientinnen gern in die Vergangenheit, um Dinge, die ihnen dort widerfahren sind, so zu verändern, dass sie etwas Positives daraus mitnehmen können. Dabei sprechen wir vor allem über die Gefühle, die die Frauen mit bestimmten Konflikten und Erlebnissen verbinden. Wenn jemand beispielsweise denkt, er sei sehr schwach gewesen, als er in seiner Kindheit unter den Streitereien der Eltern gelitten hat, dann drehen wir das um und sagen: »Du warst nicht schwach, sondern hast einfach versucht, die Familie zusammenzuhalten. Und du hast versucht, für dich selbst stark zu sein.« Das heißt: Wir verändern die Erfahrungen in der Vergangenheit so, dass sie im Hier und Jetzt zu einer Stärke für uns werden können. Damit wird ein wirklich erfüllender und guter Weg in ein freies und glückliches Leben möglich.

FEIERE DEINE FREIHEIT

Dass wir uns selbst die Erlaubnis geben können und dürfen, unser eigenes, wahres Selbst zu leben, ist so ein großes Privileg! Wir haben heute Freiheiten, die viele Generationen vor uns nicht hatten und für die sie teilweise hart gekämpft haben. Frauen haben über Jahrhunderte hinweg wahre Unterdrückung erfahren und viele Frauen auf der Welt müssen auch gerade heute noch solches Leid ertragen. Wir dürfen in Deutschland erst seit 1919 wählen und seit 1958 ohne Erlaubnis des Ehemannes arbeiten sowie unser eigenes Vermögen verwalten. Diese Errungenschaften sollten wir feiern und ganz und gar ausleben. Und das kann vor allem gelingen, wenn wir uns selbst die Erlaubnis dafür geben.

Wir müssen uns kompromisslos bewusst machen: Wir haben die absolute Freiheit, jederzeit zu entscheiden, ob wir in einer Situation bleiben und eine Rolle ausfüllen wollen, die uns nicht mehr liegt, oder ob wir uns die Erlaubnis geben, die zu sein, die wir eigentlich schon immer sein wollten.

SEI DIR SELBST TREU

Noch einmal: Die Rollen, in denen wir feststecken, werden uns angeboten, nicht aufgezwungen. Wir sind es, die sie annehmen. Und nicht selten geschieht dies aus dem Grund, gefallen zu wollen. Natürlich, es liegt in der Natur des Menschen, gefallen zu wollen. Wir wollen dazugehören und wir wollen geliebt werden. Aber wir dürfen nicht in die Falle tappen, dass es uns wichtiger ist zu gefallen, als uns treu zu bleiben. Denn dann gefällt man am Ende des Tages allen – nur sich selbst nicht. Ich war genau an diesem Punkt. Ich habe in den Spiegel gesehen und nicht mehr wirklich gewusst, wer diese Frau mir gegenüber war. Was ich aber sicher wusste, war, dass sie mir nicht gefällt. Um meine innere Leere zu füllen, habe ich mir damals immer noch mehr schöne Kleider gekauft, habe mich mit noch mehr Schmuck behängt, hatte immer das noch schönere Outfit für jeden Anlass parat. Ich wollte ein perfektes Bild erreichen, aber letztlich war ich zu einer Schaufensterpuppe geworden – leblos und leer und mittlerweile meilenweit entfernt von mir selbst. Es gibt ein Bild von mir, das mich vor einigen Jahren in Südafrika zeigt. Heute sehe ich darauf eine mir fremde Frau in einem tollen Kleid, perfekt geschminkt, perfekt inszeniert und mit einem Lächeln im Gesicht. Ich sehe auf diesem Bild nicht mich, sondern frage mich: »Wer ist bitte diese Frau?« Ich war in diesem Moment nicht glücklich, ich

hatte mich unendlich weit von mir selbst entfernt. Das Bild zeigt mich in meinem ersten Leben. Dass ich damals kurz vor dem Aufbruch stand, war mir zu diesem Zeitpunkt noch in keinster Weise bewusst. Für all das bin ich mir heute aber so dankbar. Denn all diese Erfahrungen haben mich zu dem Buch gemacht, über das ich heute schreibe!
Was ich aus der Vergangenheit gelernt habe? So, so vieles!
Ich erlaube mir, ich selbst zu sein.
Ich verstecke mich hinter keinen Rollen mehr.
Ich bereue nichts mehr.
Und ich erkläre mich für nichts mehr.
Mein Leben und meine Vergangenheit sind so, wie sie sind. Sie haben mich zu der Frau gemacht, die ich heute bin. Und für diese Frau bin ich ebenfalls sehr dankbar. Natürlich gab es weitere schwierige Momente in meinem Leben. Da waren Enttäuschung, Angst und Trauer. Aber ich glaube fest daran, dass alles im Leben einen Grund und einen Sinn hat. Auch dafür kann man sich selbst die Erlaubnis geben: Es ist okay, bis heute genau so gelebt zu haben. Wir können uns jederzeit sagen: Ich erlaube mir, mit meiner Vergangenheit Frieden zu schließen, weil sie mich zu der Frau gemacht hat, die ich heute bin.
Erst heute bin ich auch voll dazu in der Lage, die Coachin zu sein, die ich immer sein wollte. Ich kenne die Erfahrungen und die Gefühle, die es dafür braucht. Ich weiß, wie es ist, aus der eigenen Komfortzone ins kalte Wasser zu springen, und ich weiß vor allem auch, dass sich dieser Weg so unfassbar lohnt.

The magic happens out of
your comfort zone!

In meinen Coachings konzentriere ich mich seither auf die Stärken von Frauen und auf ihre Potenziale. Sich darüber im Klaren zu sein, welche Stärken man hat, halte ich für extrem wichtig. Genauso wie zu wissen, welche Stärken man noch mehr ausleben darf. Den Schwächen müssen wir ebenso gerecht werden, um aus ihnen Stärken machen zu können.

DU BIST EINE SOULWOMAN

Obwohl ich meine Coachings ursprünglich für Männer und Frauen gleichermaßen anbot, stellte ich irgendwann fest, dass ich nur noch mit Frauen arbeitete. Das hatte sich nahezu von selbst ergeben, und so fasste ich den Entschluss, mich ausschließlich auf Frauen und die weibliche Kraft zu konzentrieren. Heute kann ich sagen: Ich liebe diese Arbeit, denn Frauen haben eine ganz eigene Energie. Sie brauchen andere Hilfe und eine andere Vorgehensweise im Coaching. Irgendwann fiel mir auf, dass ich an manchen Tagen mehrere Klientinnen im Coaching hatte, die sich vom Typ her sehr ähnlich waren und die auch ähnliche Themen hatten und diese bisher auf dieselbe Weise angegangen waren.

DIE ENTSTEHUNG DER SOULWOMEN

Ich glich die Frauen mit den Typologien ab, wie sie im Human Design verwendet werden. Welcher Typ jemand im Human Design ist, basiert auf einer recht komplexen, speziellen Berechnung, die alte esoterische Systeme wie Astrologie, I Ging, die Chakren-Lehre und Kabbala mit neuen Wissenschaften wie Astronomie, Genetik, Biochemie und Quantenphysik kombiniert. Kurz gefasst ist es ein System, das anhand der Geburtsdaten Persönlichkeiten beschreibt. Überraschenderweise stellte ich fest, dass die entsprechenden Frauen aus meinen Coachings tatsächlich den gleichen Human-Design-Typ haben. Was ich dabei allerdings auch feststellte, war: Viele der Frauen hatten zwar rein rechnerisch den gleichen Typ, lebten aber einen ganz anderen aus. Human Design allein schien also bei der Bestimmung der Persönlichkeit nicht auszureichen.

So entwickelte ich unter anderem die fünf Soulwomen zusammen mit ihren Ur-, Ist- und Ausgleichstypen sowie die Impulsfrauen. Ich stelle sie dir in diesem Buch alle ausführlich vor und erkläre dir genau, wie du damit arbeiten kannst.

Besonders wichtig war mir dabei, eine weiblichere Version zu entwickeln, und zwar gar nicht, weil ich die Unterscheidung in männlich und weiblich so wichtig finde. Es hat sich für meine Klientinnen einfach sehr viel richtiger angefühlt, dass allein schon die einzelnen Persönlichkeitstypen weibliche Namen hatten. Im Human Design ist vom Manifestor, Generator, manifestierendem Generator, Projektor und Reflektor die Rede – durchweg sehr männliche Begriffe. Mit den fünf Soulwomen habe ich fünf weibliche Namen und Typen entwickelt und sie über die Zeit hinweg immer wieder verfeinert und vervollständigt. Sie sind das Ergebnis von mehreren Jahren intensiven Coachings mit mehreren Hundert Frauen.

Ich bin immer wieder völlig begeistert, wie viel sich verändert, wenn Frauen diese fünf Typen in ihr Leben integrieren: Es wandelt sich das Verhältnis zur Mutter, zu den Kindern, zum Ehemann, zum Singledasein oder zum Verhalten auf einer der vielen Dating-Apps. Es ändert sich so viel, weil man diese fünf Frauen nicht einfach nur wie in einem Lehrbuch anschaut und als Theorie liest, sondern weil man sie lebt.

Das Bewusstsein und das Wissen über die Soulwomen erklären so viele Dinge aus unserem Leben. Die Soulwomen lassen uns nicht nur uns selbst besser kennenlernen, sondern sie zeigen uns auch, wie wir im Umgang mit anderen Menschen besser agieren können und wie wir unsere Energien gut einteilen. Und vor allem erlauben sie uns, so zu sein, wie wir wirklich sind.

WIE ICH MIR MEINE SPIRITUALITÄT ERLAUBTE

Als ich begonnen habe, als Coachin zu arbeiten, habe ich viele Menschen aus den Bereichen Kunst, Schauspiel, Gesang, Sport und anderen begleitet, die unter enormem Druck stehen. Nicht selten baten sie mich: »Sarah, kannst du mir auf meinem Weg helfen?« Dabei habe ich immer wieder gespürt, dass es einfach wahnsinnig effektiv ist, mit ihnen neue Wege auszuprobieren und dabei auch gewisse Werkzeuge und Tools aus der Spiritualität mit einzubauen. Bei mir hat das nichts mit Räucherstäbchen und Klangschalen zu tun, es ist vielmehr eine moderne Version.

Meine Spiritualität beinhaltet, dass ich auf der Seelenebene arbeite – weil ich davon überzeugt bin, dass dort der Ursprung von allem sitzt. Und wenn man Themen auf der Seelenebene bearbeitet, verfestigt und heilt, kann das eine ganz große Veränderung auf allen anderen Ebenen bewirken, sowohl körperlich als auch mental und zwischenmenschlich. Wir tragen noch so viel von unseren Ursprungsfamilien in uns. Das Erbe, das wir von ihnen geschenkt bekommen haben, besteht nicht nur aus materiellen Dingen wie einem Haus oder einer Perlenkette. Nein, auch das seelische Erbe nehmen wir an: Glaubenssätze, Traumata oder Verhaltensmuster – all das ist auch in unserer Seele gespeichert.

Die Fähigkeit, Bilder von zukünftigen oder vergangenen Erfahrungen zu sehen, habe ich seit meiner Kindheit, und ich habe sie in meinen spirituellen Ausbildungen noch stärker entwickelt. So kann ich sie nun bewusst einsetzen und habe die Möglichkeit, mehr Dinge zu sehen. Ich kann die Aura von Menschen sehen, erkenne Schwächen und Stärken und sehe, wo noch Verletzungen oder Traumata sind. Daran können wir dann gemeinsam aktiv arbeiten. In meinen Ausbildungen habe ich meine Kraft zu einer Superpower ausbilden lassen. Das hat vor allem funktioniert, weil ich es mir irgendwann selbst erlaubt habe, diese Kraft zu haben und sie auch einzusetzen.

Man kann nur helfen, wenn man weiß, wovon man spricht.

Als ich im Fernsehen als TV-Pädagogin Familien mit Kindern helfen wollte, tat ich das auf Basis dessen, was ich in meinem Studium gelernt hatte. Ich habe erst viel später realisiert, dass die Sendungen nicht wirklich zu mir passten, weil ich in dem Moment einfach nur theoretisches Wissen darüber hatte, aber keinesfalls alles praktisch erlebt hatte. Von meinem Mindset her war ich noch gar nicht so weit, dass ich die Jugendlichen wirklich nachhaltig hätte betreuen können, genau wie später alleinerziehende Mütter. Ich war noch nicht selbst Mutter und mir fehlten so viele Erfahrungen, die man nur in sich trägt, wenn man wirklich in derselben Situation ist oder es schon mal war.

Heute weiß ich: Man kann Menschen nur tiefgreifend helfen, wenn man selbst lange Erfahrung in dem Bereich hat. Ich habe einmal den folgenden Spruch gelesen: »Wenn du ein guter Coach sein willst, brauchst du entweder jahrelange Erfahrung oder musst es selbst durchlebt haben.« Für mich hat sich das immer wieder bewahrheitet. Es prägt einen natürlich auch, wenn man allgemein viel Lebenserfahrung sammelt. Aber ich glaube, dann ist man immer noch nicht der perfekte Coach für konkrete Themen seiner Klientinnen und Klienten. Der werde ich erst, indem ich etwas am eigenen Leibe erfahren habe: dass ich Kinder geboren habe, dass ich selbst krank war, dass ich eine Trennung durchlebt habe – dass ich wirklich weiß, mit welchen Schmerzen, welchem Leiden, welchen Zweifeln und Ängsten das alles verbunden sein kann. Und vor allem: Wenn ich den Weg herausgefunden habe – wenn ich gelernt habe, im großen Ozean zu schwimmen, jenseits von dem kleinen Planschbecken, das man auch Komfortzone nennt, dann ist man meiner Meinung nach auch erst in der Lage zu sagen: Ich kann dir helfen und ich coache dich da durch. Und ich glaube, dass ich erst so richtig gut in der Arbeit mit meinen Frauen geworden bin, seit ich aus meiner eigenen Komfortzone herausgekommen bin.

Die vergangenen drei Jahre in meinem Leben waren sicher prägender für mich als das gesamte zurückliegende Jahrzehnt. Als ich in dieser Zeit in mein zweites Leben gegangen bin, war das Wasser, in das ich gesprungen bin, saukalt. Und der ganze Prozess hat sich für mich so angefühlt, als ob ich nicht nur durch den Atlantik schwimmen, sondern sogar mehrere Runden um die Antarktis wandern musste – kurzum: Es war ein sehr langer Weg für mich.

Ich bin aber leider auch jemand, der nicht sofort begreift, wenn sich etwas ändern muss. Ich brauche manchmal mehrere Learnings, mehrere Hinweise. Den Rückschlägen in meinem Leben bin ich im Nachhinein jedoch immer auch sehr dankbar. Denn wenn ich sie nicht erlebt hätte, hätte ich mich nicht mit so vielen Dingen auseinandersetzen dürfen und wäre nicht da, wo ich heute bin. Wenn man immer auf der Sonnenseite des Lebens steht, kommt man mitunter niemals in die Versuchung, etwas zu verändern. Ich hatte schwere Zeiten, aber ich denke, es ist immer wichtig, dass man versucht, aus negativen Dingen etwas Positives zu ziehen. Leider speichern wir die schlechten Erfahrungen, die wir machen, viel leichter und nachhaltiger ab. An die guten Erfahrungen erinnern wir uns weniger klar, sie scheinen selbstverständlich zu sein. Umso wichtiger ist es, sich die positiven Seiten der schlechten Erfahrungen bewusst zu machen. Denn daraus kann man sehr viel Stärke ziehen.

Mein Vater hat mir das früh beigebracht. Schon als ich ein kleines Kind war, sagte er immer zu mir: »Nutze jede negative Erfahrung und mach daraus etwas Gutes. Lerne daraus, denn dann ist es nichts Schlechtes mehr, sondern ein Geschenk und eine Chance.« Genau das habe ich immer gemacht. So konnte ich auch aus meinen persönlichen Learnings heraus die fünf Frauen entstehen lassen. Ich selbst kann heute die Frauen in meinem Coaching umso authentischer, fürsorglicher und feinfühliger, aber auch magischer dazu ermutigen, aus ihrer Komfortzone zu gehen und ein ganz erfüllendes und grandios schönes Leben zu führen. Ich hätte sicher nicht die Stärke gehabt, das Konzept von »Erlaube dir, du selbst zu sein« zu entwickeln, wenn ich nicht auch die Schattenseiten in meinem Leben erlebt, durchgearbeitet und überstanden hätte.

Meine Trennung war eine große Lebenskrise. Ich habe mir selbst erlaubt, diesen Schritt zu gehen, auch wenn das bedeutete, dass meine Kinder zu Scheidungskindern wurden und ich alleinerziehend. Ich habe mir selbst erlaubt, dass ich es einfach noch mal probieren darf mit dem Thema Familie. Und dass ich mich damals von mir selbst entfremden durfte, auch wenn für mich das Schlimmste war, dass ich eine Zeit lang in meinem Leben so wenig ich selbst war.

Eine ganz wichtige Erkenntnis in meinem Leben war auch, dass ich mir selbst hundertprozentig treu bleiben muss. Ich habe mehrere Male Rollen angenommen, die einfach nicht meine waren, die sich ungut angefühlt haben – in denen ich nicht ich selbst war. Und das ist immer gründlich schiefgegangen. Heute ist vieles anders. Ich übernehme nur noch die Rollen, die sich gut anfühlen, mich bereichern und mit denen ich mich vollständig identifizieren kann. Und ich habe mir gesagt, dass ich mir alles, was ich mir zuvor habe nehmen lassen, wiederholen werde. Ich bin wieder oder vielleicht das erste Mal so richtig ich selbst und lebe auf authentische Art und Weise. Ich erlaube mir, ich selbst zu sein.

Meine Klientinnen sind oft überrascht, dass sie meist nur Kleinigkeiten verändern müssen, um viel mehr Erfüllung zu gewinnen. Wir starten nicht die ganz großen Veränderungen, sondern setzen auf ein Bewusstsein für die eigene Wahrheit und die Erlaubnis an uns selbst, das Leben auch entsprechend leben zu dürfen. Fühlt sich das gerade gut für dich an? Dann erlaube dir, du selbst zu sein und geh los. Jetzt. Ich begleite dich.

WIE AUCH DICH DIE SPIRITUALITÄT BEFLÜGELN KANN

Durch die vielen Momente, in denen ich in der Vergangenheit nicht ich selbst war, habe ich einige Rückschläge hinnehmen müssen. Die habe ich nur bewältigen können, indem ich mir eine eigene Strategie dafür gesucht habe. In meinem Fall war es die Spiritualität. Ich habe mir nicht nur spirituell helfen lassen, sondern ich habe auch angefangen, mich ausbilden zu lassen, und bin mittlerweile spirituelle Coachin. So konnte ich nicht nur für mich alles aufarbeiten und kam mit mir selbst ins Reine, sondern ich bin auch an den Punkt gekommen, an dem ich es nach außen tragen und anderen Menschen helfen konnte.

Interessanterweise war das der Moment, in dem sich Schauspielerinnen und Moderatorinnen aus der ganzen Welt ganz bewusst an mich gewendet und mich gefragt haben, ob ich sie in ihren Herausforderungen unterstützen kann. Offenbar habe ich es also auch ausgestrahlt, dass ich bereit bin und die Kompetenz habe, anderen zu helfen. Viele der Erfahrungen, die Prominente häufig machen müssen, habe ich selbst gemacht: Ich kann ihnen helfen, weil ich ganz genau weiß, wie es ist, einen Shitstorm zu erleben, mal schlechte Quoten zu haben oder im Internet mit Hasskommentaren konfrontiert zu werden. Ich denke, das können Menschen, die es selbst nicht erlebt haben, nur schwer nachvollziehen. Denn es ist leicht, einfach zu sagen: »Dann lies das alles halt nicht, da musst du drüberstehen.« Aber so leicht ist es eben leider nicht.

Doch nicht nur Menschen, die in der Öffentlichkeit sichtbar sind, sondern wir alle stehen heute oftmals unter großem Druck: Im Alltag, sowohl im Job als auch privat, wird man ständig mit Dingen konfrontiert, auf die man möglichst schnell reagieren soll – Nachrichten, Aufgaben, Anfragen. Überall sind schnelle Entscheidungen von uns gefragt. Das erleben wir inzwischen schon von klein auf, bereits in der Schule werden die Schülerinnen und Schüler dazu angehalten, dass sie auf den Punkt abliefern. Coaching kann helfen, mit diesen Herausforderungen umzugehen. Und ich glaube, dass es wirklich hilft, wenn man ein Coaching auf die individuellen Gegebenheiten eines Menschen zuschneidet. Die Soulwomen sind ein ideales Werkzeug dafür.

Dass man sich auf den Weg macht, die eigene Soulwoman zu leben, wird meist von einer ganz konkreten Situation ausgelöst. Hast du dein Aha-Erlebnis, deinen »life-changing moment«, schon erlebt? Er kann schmerzhaft, euphorisch, ganz ruhig oder voller Liebe sein, aber in der Regel ist es immer ein sehr intensiver Moment, und wenn er gekommen ist, dann spürst du das ganz bewusst. Er gibt dir Klarheit darüber, was du wirklich willst, und zeigt dir, dass es Zeit ist, dich auf den Weg dorthin zu machen. Und er gibt dir die Kraft für den Aufbruch. Dahinter steht ein ganz wichtiges Motiv: In diesem Moment erkennst du, dass du es mehr als wert bist, dein Potenzial zu leben. Und du spürst, wenn auch meist nur für einen ganz kurzen Augenblick, die bedingungslose Liebe dir selbst gegenüber.

Wenn du dir erlaubst, du selbst zu sein, hat das oftmals auch sehr positive Auswirkungen auf dein Umfeld: Wenn es dir gut geht, dann geht es auch deiner Familie gut, deinem Partner oder deiner Partnerin, deinen Kindern, deinen Freundinnen und deinen Haustieren. Du kannst sie mit mehr Leichtigkeit unterstützen, weil du glücklicher bist. Und sie werden es leichter haben, mit dir in Kontakt zu kommen. Voraussetzung dafür ist allerdings, dass sie dir den Raum dafür geben und bereit dafür sind, dich auf die Reise zu dir selbst zu begleiten. Ich meine damit nicht deine Kinder – die sind immer bereit dazu; sie sind sogar bereit, bis ans Ende der Welt mit dir zu gehen. Auch meine Kinder haben dies getan und tun es immer noch und ich bin ihnen so unendlich dankbar dafür.

Ich bin überzeugt davon, dass es essenziell wichtig ist, den Weg zu deiner Soulwoman zu gehen. Du musst gar nicht erst am Boden liegen, bevor du dorthin aufbrichst. Es muss nicht alles ganz schlimm sein, sondern du kannst auch gerade glücklich sein oder gar nicht auf der Suche. Ich denke, wir sind es uns selbst, unseren Familien und den Menschen um uns herum sowie den Generationen an Frauen vor und vor allem nach uns schuldig, dass wir nicht einfach im Hamsterrad vor uns hinleben und tagein, tagaus arbeiten, die Familie versorgen, kochen, waschen, bügeln und am Wochenende Freunde treffen.

Halte inne und nimm dir ganz bewusst Zeit nur für dich! Lenk dich nicht ab, auch nicht mit vermeintlichen Soulcare-Aktivitäten: Hetze nicht von einem Yogakurs zum nächsten Atemworkshop, denn das kann auch einfach nur Ablenkung von dir selbst bedeuten. Geh in Verbindung mit deiner Soulwoman und beginne, mit ihr zu leben. Das ist die Essenz. Das ist der Ort, an dem du dir selbst begegnen kannst! Das ist der Weg in unsere absolut eigene, große weibliche Stärke. Ich nenne es den Weg in unsere weibliche Kraft: den weiblichen Weg. Im nächsten Kapitel wirst du die fünf Soulwomen kennenlernen und dich dabei sicher schon einer oder mehreren von ihnen verbunden fühlen. Ich erzähle dir eine Geschichte von fünf Freundinnen, die damit beginnt, dass sie sich in einem Restaurant zum Abendessen treffen. Ich habe die Erfahrung gemacht, dass wir alle über Erzählungen einfacher verstehen und lernen können. Die Geschichte ist nicht wirklich so passiert, aber gleichzeitig ist sie mit der Zeit sehr real geworden. Denn ich habe die Soulwomen in der Arbeit mit meinen Klientinnen zum Leben erweckt.

Wenn ich von den fünf Frauen erzähle, fühlt sich das immer toll an: Ich liebe es, in ihre Welt einzutauchen, ihre Stärken sichtbar und ihre Schwächen liebenswert zu machen. Damit ermögliche ich es auch meinen Klientinnen, diese Stärken und Schwächen bei sich selbst zu entdecken, damit zu arbeiten und zu neuen Ufern aufzubrechen. Bist du bereit? Dann kann es jetzt losgehen!

DIE FÜNF SOULWOMEN

DAS ABENDESSEN IM RESTAURANT, DAS ALLES VERÄNDERTE

Es ist ein lauschiger Abend im Mai und man kann den Sommer schon riechen. Bei Pino, dem charmanten Italiener, sind wie jeden Tag alle Tische in seinem kleinen Ristorante im Kölner Süden voll besetzt. Fünf Freundinnen treffen sich hier, wie so oft, zu einem gemeinsamen Abendessen. Für sie sind diese Verabredungen viel mehr als nur guter Wein und Pasta aglio e olio: Ihre Treffen stehen für Loslassen, ein Offenbaren und Entfliehen vom Alltag. Im Hamsterrad ihres Lebens haben sie oft kaum Zeit, über die Themen zu sprechen, die sie tief bewegen. Hier finden sie endlich die Gelegenheit, sich in Ruhe darüber auszutauschen. Und es ist Raum für die Emotionen, die dabei aufkommen. Nach einem Glas schwerem Barolo sind die Mauern schnell eingerissen: Schonungslos und ohne Hemmungen wird nun über die leidigen Probleme mit den Männern diskutiert – und die Schwierigkeiten, die man ohne sie hat. Sie sprechen sich über den Struggle im Job mit der launigen Chefin aus oder den harten Arbeitsalltag ohne Chefin in der uferlosen Selbstständigkeit. Alle hören einander zu, geben sich Ratschläge, bauen sich gegenseitig auf und motivieren sich dazu, ihre Themen anzupacken und zu lösen. »Wir müssen immer so vielen Dingen gerecht werden, so viele Rollen erfüllen und wir tragen so viel Verantwortung. Manchmal ist mir das alles einfach zu viel. Dieser Alltagstrott zehrt so an meinen Kräften«, reflektiert eine der Freundinnen. Die anderen nicken verständnisvoll und es wird auf einmal ganz still in der Runde. Die fünf Frauen schauen nachdenklich ins Licht der Kerzen. »So kann es nicht weitergehen mit uns«, platzt da eine von ihnen in die Stille hinein und es sprudelt nur so aus ihr heraus: »Alles ist immer ein Problem. Mit Mann ist es ein

Problem, ohne aber auch. Die Chefin ist ein Problem, die Selbstständigkeit aber ebenfalls ... Das sind doch alles vorgeschobene Probleme! Das Thema dahinter sind wir. Wir müssen alle zu uns selbst finden! Wie genau das gehen soll, weiß ich noch nicht, aber ich sehe uns alle auf einem Berggipfel stehen und, dort oben angekommen, haben wir unseren life-changing moment, jenen Moment, der alles verändern wird. Das ist ein riesiger Berg – wie der Himalaja oder so – mit einer atemberaubenden Aussicht. Einfach magisch! Ich kann unser gemeinsames Glück förmlich spüren. Es fühlt sich so wundervoll gigantisch an und es wird unser Leben so sehr verändern.« Die anderen Frauen schauen die Rednerin an und sind sichtlich fasziniert, aber auch ein wenig irritiert – von diesem Big Picture der VISIONÄRIN!

»Der Himalaja? Tut mir leid, aber das klingt ein bisschen verrückt«, entgegnet eine Frau aus der Runde, aus der es nun ebenso heraussprudelt: »Ich verstehe schon: Du hast wieder deine Gedankenblitze. Die sind zwar oft gut, aber manchmal auch ein bisschen drüber – nichts für ungut. Dein Big Picture aber, das mag ich! Das finde ich mega! Und dass es uns verändern und guttun wird, sehe ich zu 100 Prozent. Nur die Idee mit dem Himalaja ist unrealistisch. Ich hab eine andere! Während du erzählt hast, ist mir eingefallen, dass es da einen echt beeindruckenden Berg in Österreich gibt. Oben trifft man auf die Himmelspforte, die direkt in den Himmel zeigt. Er ist selbst für ungeübte Frauen einigermaßen machbar und nicht zu weit entfernt: Im Gegensatz zum Himalaja kommen wir dort auch ganz gut an einem Tag hin und zurück. Mein Plan ist also wie folgt: Wir besteigen den Berg, spüren mal wieder die Muskeln in unseren Beinen, atmen gute Luft und kriegen den Kopf frei, sodass wir all unsere Themen klarer sehen und neue Energie schöpfen.« Die anderen Frauen sind beeindruckt und vertrauen der STRATEGIN und ihrem Plan sofort.

Die Nächste in der Runde lehnt sich zurück und schmunzelt souverän: »Ihr immer mit euren Visionen und Plänen – so verrückt! Fühlt sich aber auch irgendwie schön und spannend an. Ich hatte schon viel zu lange kein Abenteuer mehr. Und vor allem gibt es kein Abenteuer ohne mich, von daher bin ich auf jeden Fall dabei. Ich hab mir gerade auch schon im Internet Bergstiefel bestellt, die kommen morgen an. Mehr brauche ich nicht, wird schon schiefgehen. Also, von mir aus können wir am Wochenende los, ich bin ready«, sagt die MACHERIN. Die Vierte im Bunde schaut in die Runde. »Nice, Ladies, aber bei allem Respekt: So ganz blauäugig können wir da nicht los. Zufällig kenne ich mehrere Jungs, die als Guides arbeiten und Touren anbieten. Da finden wir ganz bestimmt einen, der uns sicher auf den Gipfel bringt. Ich schreib sie alle gleich mal per WhatsApp an. Das wird super! Ich verlasse mich lieber auf das Wissen und die Erfahrung von Profis, statt auf ein zugegebenermaßen echt tolles Big Picture und logistisch durchaus machbare Pläne.« Voller Vorfreude auf das tolle Event mit ihren Freundinnen nippt die NETZWERKERIN zufrieden an ihrem Weinglas und ist beruhigt, dass sie diese Situation mal wieder mit Rat und Tat retten konnte.
Dann schauen alle Frauen die Fünfte in der Runde an und warten darauf, dass sie auch etwas beiträgt. Doch sie schweigt längere Zeit. Dann fragt eine der Frauen sie: »Was ist eigentlich mit dir? Du sagst gar nichts. Ist alles okay? Oder hast du keine Lust mitzukommen?« Ihre Antwort wirkt verlegen, aber sie scheint auch angetan zu sein von dem, was sie da gehört hat: »Nein, ich finde das alles total super, was ihr erzählt«, erklärt sie. »Ich bin gerade so fasziniert, denn das ist sicher ein wahnsinnig tolles Gefühl, wenn wir da oben auf dem Berg stehen. Ich finde es auch großartig, dass du direkt die Stiefel bestellt hast – ich wüsste da gar nicht, welche ich nehmen soll. Und dass du uns über dein tolles Netzwerk einen

Guide organisieren kannst – das ist so toll! Ganz ehrlich: Ich bin einfach beeindruckt von euch allen. Und natürlich komme ich mit, super gern! Ich bin zwar nicht so die erfahrene Sportlerin und ich war auch erst ein paar Mal wandern. Aber wenn ihr das schafft, schaffe ich das auch. Und wenn wir irgendwann zwischendurch sagen, wir brechen ab, ist es auch kein Problem: Ich richte mich da einfach nach euch und freue mich, dass ich dabei sein kann.« Alle stoßen mit ihr an und freuen sich über die Begeisterungsfähigkeit der EMPATHIN.
Und der Plan steht: Die fünf Freundinnen machen sich eine Woche später wirklich auf die Reise – auf die Reise zu sich selbst!

FINDE DEINE SOULWOMAN

VISIONÄRIN, STRATEGIN, MACHERIN, NETZWERKERIN und EMPATHIN: Diese fünf Frauen sind weibliche Archetypen, die dir helfen sollen, dich selbst wiederzufinden. Jede der fünf Frauentypen verkörpert eine besondere Kraft von Weiblichkeit mit ihren Stärken und Schwächen, mit ihren Emotionen, Ecken und Kanten. Meine Klientinnen haben sie in meinen Coachings schnell »Soulwomen« getauft. Ich fand diese Bezeichnung so wunderbar, dass ich sie fortan beibehalten habe. Sie machen den Kern meines Konzepts aus, mit dem ich Frauen dabei begleite, sich selbst zu erlauben, ihr authentisches Ich zu leben. Und sie werden auch dich hoffentlich ab jetzt durch deinen Alltag und dein Leben begleiten. Sie sollen dir Kraft geben und Mut, dich selbst kennenzulernen und auch die ein oder andere Schwäche besser zu akzeptieren – bestenfalls vielleicht sogar mit einem Schmunzeln auf den Lippen.

Der Schweizer Psychiater Carl Gustav Jung hat schon in den 1930er-Jahren angefangen, Archetypen zu entwickeln: Figuren, die bestimmte Emotionen, Eigenschaften und Ziele aufweisen, mit denen man sich identifizieren kann. Denn als Menschen brauchen wir Bilder und Geschichten, um Dinge zu verstehen – das belegen schon die Höhlenmalereien der Steinzeit. Wir brauchen Beispiele, um Dinge wirklich zu verinnerlichen. Die Dinge brauchen einen Namen, am besten noch ein Gesicht und dazu Gefühle und Charaktereigenschaften.
Mit meinen fünf Archetypen der Soulwomen habe ich also weder das Rad neu erfunden, noch habe ich dafür eine hochkomplexe, mathematische Rechenformel entwickelt. Das haben bereits andere hervorragend gemacht und dafür bin ich ihnen sehr dankbar. Ich habe lediglich etwas greifbar gemacht, was mir und vor allem meinen Klientinnen geholfen hat und jeden Tag immer noch hilft, sie selbst zu sein – und auch zu bleiben.
Mit der Geschichte der fünf Freundinnen im Restaurant konnten sich meine Klientinnen das alles zwar bereits gut vorstellen, aber sie fragten dennoch nach weiteren Bildern. Nach Bildern, die die Soulwomen greifbar machen. Ich machte mich also auf die Suche nach einer Möglichkeit, meinen fünf weiblichen Archetypen ein Gesicht zu geben, das vor allem ihre Energie widerspiegelt. Deshalb habe ich ein Kartenset entwickelt, das sie zum Leben erweckt. Meinen Klientinnen im Coaching fällt es seither viel leichter, die Soulwomen zu verstehen, zu fühlen und in ihr Leben zu integrieren. Sobald wir etwas bildlich sehen, haben wir auch eine stärkere emotionale Verbindung dazu und es fällt uns leichter, es für uns selbst umzusetzen.
Wenn ich erzähle, dass meine Soulwomen mein ganzes Leben greifbarer und bewusster gemacht haben, meine ich das auch so. Und jeden Tag bekomme ich Nachrichten von Klientinnen oder Freun-

dinnen, die mir von ihren Soulwoman-Aha-Momenten erzählen. Du wirst sie hoffentlich auch ganz bald haben!
Ich stelle dir die fünf Frauen nun im Detail vor. Spüre beim Lesen intuitiv in dich hinein, in welcher oder welchen der Soulwomen du dich wiedererkennst oder welcher du dich besonders nah fühlst. Bedenke dabei: Keine ist besser oder schlechter als die andere, sie sind alle wichtig und richtig. Entdecke die Soulwomen, die zu dir gehören, und schon bald kannst du den Schatz heben, der in dieser Erkenntnis liegt.

DIE VISIONÄRIN

Die VISIONÄRIN hat die besondere Fähigkeit, weit in die Zukunft zu blicken und mit ihren Ideen eine neue Wirklichkeit zu erschaffen. Ihre Begeisterung für Themen aus den verschiedensten Bereichen ist grenzenlos und unfassbar ansteckend. Sie schafft es immer wieder, Menschen in ihren Bann zu ziehen und sie auf Reisen mitzunehmen, die diese nie für möglich gehalten hätten. Sie ist kreativ und innovativ und in ihrem Kopf entstehen immer wieder neue Welten.

DAS MACHT DIE VISIONÄRIN AUS

Die VISIONÄRIN ist die schillerndste, aber zugleich auch die ausgefallenste Persönlichkeit unter den Soulwomen. Sie hat die stärkste Aura und denkt in ganz anderen Dimensionen: viel größer und mutiger! Für sie scheint alles möglich und sie ist ihrer Zeit immer voraus. Ihre Gedanken springen in Rekordtempo von einem Thema zum nächsten. So richtig wohl fühlt sie sich, wenn sie den zweiten Schritt vor dem ersten macht: Statt »eins nach dem anderen« ist »eins vor dem anderen« ihr Motto. Die VISIONÄRIN ist happy damit, sie liebt ihre Ideen und Visionen und ist ganz in ihrem Element, wenn sie diese in schillernden Farben ausmalen und weiterentwickeln darf.

Doch so schön sich das alles auch anhört, hat diese strahlende Soulwoman auch so ihre Themen mit sich und ihrer Umwelt. Es stellt beispielsweise eine große Herausforderung für sie dar, ihre Visionen in die Tat umzusetzen. Sie weiß zwar genau, wie ihr Big Picture aussieht, und hat es immer ganz klar vor Augen, doch wie es in die Realität umgesetzt werden kann, ist ihr meist völlig schleierhaft. So bleibt es bei ihr oft dabei, dass sie einzigartige Geistesblitze und Ideen hat, aber dass daraus nicht wirklich etwas Konkretes entsteht. Sie braucht unbedingt ein Team, das ihre Bilder mit ihr gemeinsam Wirklichkeit werden lässt. Denn wenn es nur bei den Visionen in ihrem Kopf bleibt, frustriert sie das auch schnell und sie zweifelt an sich selbst.

Die VISIONÄRIN ist meist eine Einzelgängerin. Nicht, weil sie es sein will, sondern weil es sich für sie einfach ergibt. Schön findet die VISIONÄRIN das allerdings nicht – einsam oder allein zu sein ist für sie oft ein schwieriges Thema, das sie nur mit großer Mühe auflösen kann. Herausfordernd ist dabei für sie aber vor allem, dass sie durch ihr »Anderssein« oftmals nicht oder missverstanden wird. Für ihre

Umwelt ist es eben gar nicht so einfach, die vielen Ideen, die sie in ihrem rasanten Tempo entwickelt und vorbringt, aushalten zu können. Denn das kostet durchaus Kraft. Zu einer VISIONÄRIN sagen Menschen häufig: »Es ist irgendwie schön mit dir, aber auch sehr anstrengend.« Ihr Umfeld ist schlichtweg überfordert angesichts der Vielzahl ihrer Gedanken und Visionen.

Ein weiteres Problem der VISIONÄRIN ist, dass sie anfangs kaum jemand an ihren Vorhaben teilhaben lässt und erst mal gar nicht offenbart, was in ihrem Kopf so alles passiert. Sie konfrontiert ihr Umfeld erst mit den Ergebnissen, kocht also quasi alles direkt in ihrem Kopf und serviert es heiß und fettig: Welche Zutaten drinstecken und wie man das Gericht am besten genießen sollte, das verrät sie in der Regel leider nicht. Das Ganze wird dann von ihr auch mit reichlich Emotionen und wenig Flexibilität auf den Tisch gebracht. Das heißt, wer es nicht gleich nachempfinden kann oder gar ein anderes Bild vorschlägt, fliegt postwendend aus dem Inner Circle der VISIONÄRIN. Für die VISIONÄRIN zählt eben das Ergebnis: Ihr Big Picture ist gesetzt und lässt sich auch nur mit viel Mühe und in großer Not verändern. Das macht sie oft unnahbar oder kompliziert. Umso wichtiger ist für sie, dass sie bewusst daran arbeitet, Freundschaften aufrechtzuerhalten, Beziehungen zu nähren und Kompromisse einzugehen.

Die VISIONÄRIN kann andere unheimlich gut begeistern. Sie würde dir ohne Probleme im Süßwarenladen eine Waschmaschine verkaufen. Denn sie hat die Gabe, mitreißende Geschichten zu erzählen – sie beschreibt die Bilder, die sie sieht, sehr lebendig, mit großer Hingabe und Sinn für Details. Man hört der VISIONÄRIN deshalb auch einfach gern zu.

Die VISIONÄRIN zieht auch selbst sehr viel Energie aus den Bildern, die sie mit ihren inneren Augen sieht. Sie hat eine sehr starke Intuition. Es ist eine andere Intuition als die der MACHERIN: Die

Intuition der VISIONÄRIN kommt aus ihrer Hellsichtigkeit und von feinen Antennen. Die MACHERIN hingegen gewinnt ihre Kraft durch die Intuition aus der eigenen Mitte, aus einem klaren Bauchgefühl.

VISIONÄRINNEN gleiten ziemlich schnell und leicht in die Rolle der EMPATHIN ab – weil beide sehr feinfühlig und sensibel sind. Dennoch ist ihre Empathie nur begrenzt und in keinster Weise so beständig und hingebungsvoll wie bei einer echten EMPATHIN. Ich spreche in diesem Fall immer von einer »Pseudo-EMPATHIN« (mehr dazu ab Seite 116 unter »Erkenne einen Scheintyp«). Die VISIONÄRIN übernimmt aber auch gerne die Rolle einer NETZWERKERIN und arbeitet beispielsweise als Therapeutin, Coachin oder Lehrerin, also in sehenden, beratenden Berufen. Dies ist für sie allerdings ein Kompromiss: Wenn sie ihre VISIONÄRINNEN-Seele nicht verwirklichen darf, entscheidet sie sich stattdessen für eine vermeintliche Sicherheit. Es funktioniert allerdings nicht gut und so kann die VISIONÄRIN diesen Kompromiss nicht lange durchhalten. Der Grund: Ihr geht schnell die Kraft verloren und das Netzwerk, das sie sich mühevoll aufgebaut hat, ist lange nicht so stabil und nährend wie das einer echten NETZWERKERIN.

DIE VISIONÄRIN ALS KIND

Die VISIONÄRIN entwickelt schon relativ früh in ihrem Leben recht genaue Vorstellungen davon, was sie alles machen und verändern will oder wie etwas zu laufen oder zu sein hat. Ihre Emotionen sind schon früh stark ausgeprägt und so wird sie oft als sensibles, empfindliches Kind wahrgenommen – und auch als solches abgetan. Dabei sollte sie gerade darin ernst genommen und gefördert werden.

Sie sollte bestärkt werden, damit sie ihrer Intuition folgen und sich selbst mit dieser Gabe ernst nehmen darf. Das ist der Schlüssel für eine selbstsichere erwachsene VISIONÄRIN – es kann sie schnell ganz groß machen. Wenn bereits ihre Eltern oder ihr frühes Umfeld ihr die Erlaubnis geben, ihr Potenzial zu leben, ist das ein großes Geschenk. Das macht es ihr später viel einfacher, sich diese Erlaubnis auch selbst zu geben. Wenn stattdessen Familie, Schule und Freunde der VISIONÄRIN sie eher bremsen und ihre Visionen nicht ernst nehmen, kann es leicht passieren, dass sie ihrer ureigenen Kraft nicht mehr vertraut und sie nicht mehr zulassen will und kann. Sie nimmt dann die Identität einer anderen Soulwoman an und verdrängt ihre eigentliche Bestimmung und Superpower.

Die VISIONÄRIN im Alltag

FAMILIE: Für die VISIONÄRIN ist ihre Familie der Inner Circle schlechthin – echte Vertrauenspersonen, die sie braucht und bei denen sie sich geborgen fühlt: »Nur da bin ich in Sicherheit und werde geliebt und geachtet.« Die VISIONÄRIN braucht ihre Familie als Schutz und Hilfe.

ARBEIT: Für die VISIONÄRIN ist Arbeit nicht nur Mittel zum Zweck, sondern ihr Job ermöglicht ihr, ihre eigenen Missionen zu erfüllen. Mit der Arbeit will sie ihre Visionen sichtbar machen beziehungsweise sieht sie das auch als ihre Aufgabe an.

EMOTIONEN: Die VISIONÄRIN ist eine emotionale Dramaqueen! Sie neigt zu Instabilität und dazu, eher unkontrolliert zu agieren. Sie kann sich von ihren eigenen Gefühlen abhängig machen und hat extreme Höhen, aber eben auch Tiefen. Da andere ihre Visionen häufig nicht verstehen, fühlt sie sich schnell einsam und nicht zugehörig.

LIEBE: »Ganz oder gar nicht!«, ist das Motto der VISIONÄRIN in der Liebe. Sie lebt die große Liebe – oder das große Drama. Sie hat auch hier klare Bilder von der Zukunft vor Augen und tut sich schwer, einen anderen Weg zu akzeptieren. Wer in den Genuss der Energie der VISIONÄRIN kommt, ist schnell von ihr verzaubert – oder überfordert.

FREUNDSCHAFT: Von ihrem Umfeld wird die VISIONÄRIN oft missverstanden und als zu kompliziert und anstrengend wahrgenommen. Daher gehört sie selten Gruppen an, sondern pflegt eher intensive Freundschaften mit einzelnen Menschen. Die erleben sie als sehr loyal, direkt, wertvoll und tiefgründig.

DIE EMPATHIN

Die EMPATHIN erkennt man ganz schnell an ihrem großen Herzen. Sie fühlt, was andere fühlen – und das oft sogar schon, bevor diese es selbst spüren. Sie weiß, was in anderen vorgeht, und findet Worte für Dinge, die andere selbst nicht ausdrücken können. Emotionen reißen sie komplett mit – die positiven wie die negativen. Die EMPATHIN ist immer für ihre Mitmenschen da und deshalb eine wunderbare Teamplayerin sowie eine tolle Gefährtin, die einen großen Freundeskreis pflegt und innige Beziehungen lebt. Diese Verbindungen sind ihr sehr wichtig. Die EMPATHIN ist eine Person, die ihre Werte und ihre persönliche Haltung sehr hochhält. Wo ihre größte

Stärke sitzt, liegt aber auch ihre größte Schwäche: Sie neigt dazu, sich in den Emotionen der anderen ganz und gar zu verlieren und dabei nicht mehr zu wissen, ob die gerade von ihr gelebten Gefühle überhaupt noch ihre eigenen sind.

DAS MACHT DIE EMPATHIN AUS

Was die EMPATHIN vor allem auszeichnet, sind ihre Feinfühligkeit und das Gespür für Emotionen – die eigenen wie die der anderen. Dabei erlebt sie oftmals die Gefühle anderer stärker als die eigenen. Und weil Emotionen so intensiv und mitreißend sein können, kostet es die EMPATHIN das sehr viel Kraft. Sie neigt dann dazu, sich abzulenken, indem sie sich etwa in Tagträumen verliert. Und sie kann sich in eher sachlich geprägten Situationen nicht immer gut durchsetzen. Sie ist durch ihre große Empathie leicht beeinflussbar und hat oft keine starke eigene Meinung. Sie wird geleitet von der Kraft und der Stimmung der Menschen um sie herum. Geht es ihrem Gegenüber gut, geht es auch der EMPATHIN gut. Ist ihr Gegenüber traurig und hat ein schweres Herz, so leidet auch die EMPATHIN in voller Stärke mit und entwickelt sogar körperliche Symptome. Die EMPATHIN braucht daher viele Pausen, die es ihr ermöglichen, bewusst aus der Energie des anderen auszusteigen und wieder im eigenen Denken und Fühlen anzukommen.
Andere zu verstehen und sich so gut in sie hineinversetzen zu können, ist eine Gabe – ein großes Geschenk. In unserer rational geprägten Welt werden Gefühle oftmals als nicht so wertvoll betrachtet. Dabei machen sie unsere Qualität als Menschen aus und sind die Grundlage unseres Handelns. Leider wird die EMPATHIN mit ihren Stärken aber nicht immer gesehen. Sie wird oft mit Sprü-

chen konfrontiert wie: »Sei nicht so empfindlich!«, »Reiß dich mal zusammen!« oder »Komm doch endlich mal in die Pötte!«. Das ist umso schlimmer, weil die EMPATHIN sich solche Dinge sehr zu Herzen nimmt – sie ist ja reines Gefühl. Und sie nimmt alles, was um sie herum passiert, wie ein Schwamm auf. Wenn es gute Dinge sind, dann kann sie strahlen, blüht voll auf und ist eine richtige Party Queen. Wenn es jedoch negative Stimmungen sind, dann nimmt sie diese ebenfalls auf und ihr selbst geht es dann nicht gut. Eine ganz große Angst der EMPATHIN ist es, als egoistisch wahrgenommen zu werden. Deswegen wagt sie es nur sehr selten, für sich selbst einzustehen. Sie geht lieber auf Nummer sicher und macht, was die anderen von ihr erwarten. Dabei verleugnet sie sich viel zu oft selbst.

Die EMPATHIN ist eine fantastische Freundin, weil sie konstant fürsorglich und verständnisvoll ist. Damit wird sie jedoch oftmals als selbstverständlich wahrgenommen. Ist sie dann plötzlich mal nicht mehr für andere da, herrscht große Verwirrung und Enttäuschung bei ihren Mitmenschen. Dabei hat ihr Umfeld in diesem Moment nur zum ersten Mal gemerkt, wie wichtig sie ihm ist, welche wundervollen Qualitäten sie mitbringt und wie schmerzhaft es sein kann, wenn das alles fehlt.

Die EMPATHIN wird häufig unterschätzt. Dabei ist ihre wundervolle Gabe, dass sie reines Mitgefühl zeigt – und das ist in unserer heutigen Welt wichtiger denn je. Ich habe eine Freundin, die EMPATHIN ist, und auch wenn ich ihr zum tausendsten Mal erzähle, dass ich mich über jemanden geärgert habe, zeigt sie Mitgefühl und sagt: »Das tut mir so leid, ich kann dich so gut verstehen.« Und in dem Moment ist das auch alles, was ich brauche. Viele andere Menschen wären vielleicht schon genervt gewesen und hätten mir geraten, einfach loszulassen, oder eine andere Lösung gesucht. Aber in solchen Momenten will ich gar nichts anderes als

Verständnis, ich will einfach nur mental in den Arm genommen und verstanden werden. Genau das kann die EMPATHIN geben. Ich hoffe, dass ich mit meiner Arbeit dazu beitragen kann, dass vielleicht auch die EMPATHIN in dir stärker gesehen und anerkannt wird und dass die EMPATHIN selbst ihre Qualitäten auch höher wertet.
Die wichtigste Aufgabe der EMPATHIN ist es, für sich selbst zu sorgen. Sie muss darauf achten, dass sie regelmäßig aus der Energie der anderen Soulwomen heraustritt und spürt, welche Gefühle wirklich ihr gehören. Ihr Umfeld muss hingegen immer wieder anerkennen, dass die EMPATHIN über ihre Fähigkeit der Empathie von ihnen gesehen werden darf. Sie ist eine tolle Seelsorgerin und eine Superpower von ihr ist, dass sie hervorragend bei Entscheidungen unterstützen kann. Wenn du bei einer wichtigen Entscheidung einen Rat brauchst, frag eine EMPATHIN!

DIE EMPATHIN ALS KIND

Die EMPATHIN ist als Kind meist eine sehr ruhige und zarte Seele. Sie weiß schon früh über vieles Bescheid und erkennt Zusammenhänge und die Stimmungen der Erwachsenen. Sie zu belügen, funktioniert nicht. Und mit treffsicheren Aussagen, die jeden Erwachsenen alt aussehen lassen, zeigt sie gekonnt, was emotional schon in ihr steckt. Viele nennen sie daher »altklug«. Dabei sollte auf die EMPATHIN als Kind besonders emotional viel Rücksicht genommen werden. Sie braucht Erklärungen und möchte in ihren Gefühlen ernst genommen werden. Wenn eine EMPATHIN in ihrer Jugend schon die Erfahrung macht, dass sie auf ihre Gefühle hören darf und soll, dann entwickelt sie als heranwachsende junge Frau ganz andere Stärken und weiß, dass sie auch auf sich selbst achten darf – und trotzdem liebenswert ist.

Die EMPATHIN im Alltag

FAMILIE: Familie steht für die EMPATHIN an oberster Stelle: Sie opfert sich für alle auf. Und sie genießt das Vertrauen aller Familienmitglieder: Ihr kann man alles erzählen und das tun auch alle.

ARBEIT: Im Beruf weiß die EMPATHIN in der Regel bei jedem Thema schnell, was zu tun ist. Wenn Spannung in der Luft liegt, spürt sie das sofort. Sie ist eine sehr beliebte Kollegin. Sie kämpft jedoch damit, dass sie oftmals wenig Energie und Kraft hat, und klagt auch häufig darüber. Sie nimmt sich auch im Job alles zu Herzen – und verurteilt meist sich selbst, wenn etwas schiefläuft.

EMOTIONEN: Die EMPATHIN ist hochemotional und sehr sensibel, zeigt ihre Emotionen aber nicht oft. Dank ihrer ausgeprägten Empathie weiß sie immer, wie es allen geht. Die eigenen Gefühle nimmt sie aber kaum wahr und ernst. Wenn sie es doch tut, dann ist sie oft überfordert von der Stärke ihrer Emotionen und hat Angst vor der Ablehnung der anderen.

LIEBE: Die EMPATHIN sehnt sich nach nichts mehr als nach einer echten Seelenpartnerschaft. Wenn sie diese gefunden hat, liebt sie sehr stark, ist ausgesprochen fürsorglich und geduldig. Sie neigt dazu, es zu übertreiben, dann klammert sie und engt ihr Gegenüber ein. Sie verschmilzt geradezu mit dem Partner oder der Partnerin – und muss darauf achten, dass sie sich selbst nicht vernachlässigt.

FREUNDSCHAFT: Die EMPATHIN ist sehr beliebt, pflegt viele tiefe Freundschaften, gehört aber eher weniger großen Gruppen an. Sie ist immer für ihre Freunde da, hat stets ein offenes Ohr für sie und das wirklich 24/7.

DIE STRATEGIN

Die STRATEGIN ist die Frau mit dem Adlerblick. Ihr entgeht kein Detail, sie hat stets alles im Fokus und es gibt wenig, was sie aus der Ruhe bringen kann. Ganz im Gegenteil: Bei Stress lebt sie erst richtig auf! Die STRATEGIN hat immer einen Plan – oder meistens sogar mehr als einen. Doch sie hat auch ein Manko: Es kommt vor, dass sie sich in all ihren Listen und Plänen verzettelt, Dinge zerdenkt und dabei sehr viel Energie verpulvert. Sie hat zwar jede Menge Energie, doch die läuft dann oft in die falsche Richtung.

DAS MACHT DIE STRATEGIN AUS

Die STRATEGIN wird von ihrer Umwelt als eine toughe, selbstbewusste Frau wahrgenommen, die sehr diszipliniert, kontrolliert und fokussiert ist. Sie durchdenkt immer alles ganz genau, ist sehr gut strukturiert und auf alles vorbereitet. Die STRATEGIN ist oftmals eine erfolgreiche Business-Frau, die sich sehr wohlfühlt, wenn sie am Ende eines Tages die komplette To-do-Liste abgearbeitet hat. Sie fühlt sich überall dort zu Hause, wo Kopfarbeit gefragt ist und Konzepte erstellt werden müssen. Als einzige Soulwoman ist die STRATEGIN in der Lage, die Ideen der VISIONÄRIN nachzuvollziehen und durch eine Strategie oder einen Plan in die Realität umzusetzen. Sie schreitet zwar nicht direkt und schnell selbst zur Tat wie die MACHERIN, aber sie erstellt praktische Anleitungen, mit deren Hilfe die Bilder der VISIONÄRIN Realität werden können. Das heißt, sie hat nicht nur die Fähigkeit inne, mit der VISIONÄRIN mitzudenken, sondern besitzt auch die praktische Stärke der MACHERIN, um die visionären Ideen in die Tat umzusetzen. Es ist außergewöhnlich, dass sie in diesen beiden Welten leben darf und zwischen ihnen vermitteln kann. Sie ist eine Allrounderin, der meist alles gelingt.

Sie hat aber auch ihre Schwächen. Und mit denen macht sie sich das Leben leider selbst oft schwer. Sie ist ein klassischer »Overthinker« – eine Person, die durch zu viel Überlegen alles kompliziert und unbrauchbar machen kann. Sie ist außerdem eine Geisel ihrer täglichen To-do-Listen. Weil das alles wenig Platz zum Wirken und Atmen lässt, neigt sie schnell zur Überforderung. Das liegt aber auch daran, dass ihre Stresstoleranz nicht sonderlich hoch ist. Ich vergleiche das Stressverhalten der STRATEGIN gerne mit einem Computer: Wenn du zu viele Tabs gleichzeitig offen hast, lässt nicht nur die Rechenleistung nach, sondern irgendwann bleibt der PC hängen

und es geht nichts mehr. So ergeht es auch oft der STRATEGIN – gefühlt steht sie immer knapp vor dem Burn-out. Denn die STRATEGIN durchdenkt auch immer alle Variablen gleichzeitig. Mit großem Erfolg: Sie gibt den Dingen eine Basis. Mit ihr kann man sehr gut arbeiten und das in hohem Tempo. In dem Moment, in dem die VISIONÄRIN von einem Bild erzählt, hat die STRATEGIN schon einen Ansatz im Kopf, wie sie es in die Realität umsetzen kann.
Durch das »Overthinking« neigt sie allerdings gnadenlos dazu, die Dinge zu verkomplizieren. Und das manchmal massiv. Es kann passieren, dass sie sich dann auch selbst herunterredet. Je mehr der STRATEGIN durch den Kopf geht, desto kleiner wird sie. Und sie fühlt sich irgendwann nicht mehr handlungsfähig. Man kann schließlich auch alles zerdenken: Wenn ich nur noch ein Flugzeug nutzen würde, sobald ich komplett verstanden habe, wieso es fliegt, dann würde ich vermutlich nie einsteigen.
Die STRATEGIN praktiziert dieses übermäßige Denken auch auf persönlicher Ebene und glaubt immer, sie könne noch etwas verbessern und optimieren. Sie ist eine Perfektionistin, die sich damit ganz oft selbst im Wege steht. Und sie sollte unbedingt darauf achten, dass ihr ihre Weichheit nicht verloren geht. Die STRATEGIN ist wenig intuitiv. Nicht weil sie keine Intuition hat, sondern weil sie lieber ihrer Rationalität vertraut. Aber gerade das tut ihr gut: auf ihr Bauchgefühl zu achten und in sich hineinzuspüren.

DIE STRATEGIN ALS KIND

Alle Kinder brauchen Strukturen, die STRATEGIN als Kind aber umso mehr. Es hilft ihr sehr, wenn man sich mit ihr hinsetzt und erklärt, was passieren wird, sei es der Ablauf eines Ausflugs oder Aufgaben im Haushalt. Statt zu sagen »Ich mache mal und du kommst einfach mit!« sollte man der STRATEGIN anbieten, Listen zu schreiben oder auf andere Art festzuhalten, was zu tun ist oder vor ihr liegt. Vor allem der jungen STRATEGIN ist es wichtig, einbezogen zu werden – nicht nur in ganz praktische Vorgänge, sondern gern auch in die Ideen und Pläne ihrer Eltern. Wenn diese zum Beispiel von einer Weltreise träumen, kann es ein ganz tolles Gemeinschaftsgefühl schaffen, wenn sie ihrer kleinen STRATEGIN davon erzählen und mit ihr an der Umsetzung feilen. Das gibt der STRATEGIN ein sehr sicheres Gefühl. Nur sollte die kindliche STRATEGIN nicht schon selbst Pläne ausarbeiten müssen, das könnte sie schnell überfordern. Aber wenn man ihr Optionen anbietet und Pläne vorschlägt, fördert man ihre Superpower und schafft Vertrauen. Auch schon in jungen Jahren neigt die STRATEGIN dazu, eine Perfektionistin zu sein, und bekommt emotionale Ausbrüche, wenn ihr etwas nicht gelingt. An ihrem sozialen Umfeld, vor allem ihrer Familie, liegt es jetzt, sie darin zu bestärken, dass sie, auch ohne perfekt zu sein, absolut liebenswert ist und bedingungslos geliebt wird.

Die STRATEGIN im Alltag

FAMILIE: Die STRATEGIN will bestehende Strukturen aufrechterhalten und Zusammenhalt fördern – das lebt sie auch intensiv in der Familie aus. Sie hat ein starkes Verantwortungsgefühl, von dem ihre Lieben profitieren, weil sie die Dinge in die Hand nimmt und für jede Herausforderung einen Plan in petto hat.

ARBEIT: Die STRATEGIN liebt To-do-Listen und nutzt sie besonders im Job als effektives Tool, mit dem sie ihre Pläne in Aufgaben übersetzt. Sie kann sehr gut konzentriert und fokussiert Dinge abarbeiten. Sie ist so schnell in der Umsetzung, dass sie sich dabei manchmal selbst überholt und Dinge schnell wieder überwirft. Auch weil sie dazu neigt, alles ständig zu überdenken und zu optimieren.

EMOTIONEN: Die STRATEGIN hat ihre Emotionen gern »im Griff« und versucht, sie zu kontrollieren und bewusst zu regulieren. Gleichzeitig ist sie sehr reflektiert – und damit immer eine tolle Gesprächspartnerin. Wird ihr allerdings alles zu viel, zieht sie sich zurück und reagiert sehr emotional.

LIEBE: An die Liebe geht sie sehr faktisch heran: Statt auf Bauchgefühl zu setzen, ist sie hier häufig im Kopf gefangen. Sie hält sich gerne an feste Regeln wie »Kein Kuss beim ersten Date!«. Das beschert ihr aber häufig auch sehr stabile Beziehungen, die auf Dauer gut funktionieren.

FREUNDSCHAFT: Als Planerin hält sie auch in ihrem Freundeskreis alle Fäden zusammen, pflegt viele Kontakte und unterstützt gern mit ihrer Organisationsstärke bei Festen und Feiern. Diversität in einer Freundesgruppe mag sie besonders gern.

DIE MACHERIN

Die MACHERIN ist die Frau, die Großes schafft. Sie arbeitet meistens rund um die Uhr wie ein Duracell-Hase. Wenn andere noch überlegen und sich vielleicht vor der Arbeit drücken, ist die MACHERIN schon längst dabei und erledigt alles ohne Wenn und Aber. Das ringt anderen Menschen große Bewunderung ab. »Ich weiß nicht, wie du das immer hinbekommst«, wird sie häufig gelobt. Auf ihre Power und die Bewunderung von außen ist sie sehr stolz.

DAS MACHT DIE MACHERIN AUS

Die MACHERIN leistet mehr als andere – das ist ein großer Teil ihrer Identität. Aber es kann auch zum Problem werden, denn als ausgemachtes Arbeitstier vergisst sie manchmal, dass Arbeit kein Selbstzweck ist, und übergeht ihre eigenen Grenzen. Die MACHERIN ist stark, intuitiv, direkt und hat ein beeindruckendes Durchhaltevermögen. Aber sie ist eben auch anfällig für Burn-out und Erschöpfung. Denn auch wenn sie merkt, dass sie eigentlich schon gar nicht mehr kann, macht sie dennoch weiter.

Die MACHERIN ist meist sehr charismatisch und beliebt – nicht zuletzt, weil sie so viel schafft. Man kann sie auch jederzeit um Unterstützung bitten: »Könntest du vielleicht kurz …?« – »Klar, kein Problem!«, kommt dann häufig prompt die Antwort. Die MACHERIN spürt sich selbst kaum und ackert, bis es nicht mehr geht. Sie ist eine Frau der Tatkraft: Sie macht einfach. Meist denkt sie vorher nicht groß nach, sondern geht einfach direkt los. So landet sie öfter mal in Sackgassen, aber das ist nicht schlimm, sie dreht dann einfach um und versucht den nächsten Weg. Und so findet sie über Umwege letztlich auch den Pfad zum Erfolg.

Ihre Energie zieht die MACHERIN aus ihrer Intuition – das macht sie auch unheimlich mutig. Es fehlt ihr allerdings oft ein Stück weit die Empathie – nicht nur für sich selbst, sondern auch für andere. Sie geht ihre Wege immer recht unbewusst und achtet kaum darauf, wie es Menschen geht, die ihr unterwegs begegnen. Das macht sie keineswegs mit böswilliger Absicht, sondern aus der Überzeugung heraus, dass die anderen genau wie sie selbst erst gar nicht darüber nachdenken.

Die MACHERIN hat die tiefe Sehnsucht, über ihre pausenlose Aktivität Anerkennung und Lob zu bekommen. Das ist ein wichtiger Antrieb für sie. Sie will gelobt und geliebt werden! Unter anderem deshalb erzählt sie auch gern, wie viel sie arbeitet. Oder sie schickt nachts E-Mails, damit jeder sieht, wie sie rund um die Uhr schuftet. Und sie hat Glaubenssätze wie: »Man kann nur etwas erreichen, wenn man hart dafür arbeitet.« Oder: »Der Weg zum Erfolg führt über harte und schwere Arbeit.«

Die MACHERIN darf lernen, besser in sich hineinzuhören und sich regelmäßig zu fragen, ob sie noch Kraft hat, um weiterzumachen. Oder besser noch: Sie darf von vornherein Pausen einplanen und sich Ruhe gönnen, in sich hineinhören und ins Fühlen kommen. Dann darf sie die Erfahrung machen, dass sie trotzdem geliebt wird, auch wenn oder gerade weil sie sich verletzlich zeigt und auf sich achtet. Die eigenen Gefühle zuzulassen und Mitgefühl mit sich selbst und ihrem Umfeld zu entwickeln, fällt der MACHERIN erst mal schwer, macht in Kombination mit ihrer großen Arbeitskraft aus ihr aber eine absolute Anführerin.

DIE MACHERIN ALS KIND

Schon früh erkennt man die kindliche MACHERIN an ihrem rastlosen Verhalten. Sie ist kaum ruhig zu bekommen und auch nach einem anstrengenden Tag wirbelt sie abends immer noch durch das Haus. Sie hat eine unbändige Energie. Körperlich ist sie fit und motorisch schon früh weit entwickelt. Sie möchte bereits als Kind durch ihre praktischen Fähigkeiten auffallen und aus Bewunderung zieht sie das Gefühl, geliebt zu werden. Sie riskiert oft waghalsige Kunststücke oder versucht, durch Kräftemessen mit anderen alle von sich zu überzeugen.

Ist die körperliche Überlastung dann doch erreicht, wird die junge MACHERIN schnell kränklich oder bricht emotional in sich völlig zusammen. Wichtig ist es deshalb, der kleinen MACHERIN ganz bewusst Liebe und Aufmerksamkeit zu geben, auch in den Momenten, in denen sie nicht damit rechnet. So macht die MACHERIN bereits früh die für sie so wichtige Erfahrung, nicht nur für ihre Leistungen geliebt zu werden, sondern ganz aus sich selbst heraus liebenswert zu sein.

Die MACHERIN im Alltag

FAMILIE: Die MACHERIN ist ein ausgemachter Familienmensch. Sie bringt immer alle an einen Tisch und zelebriert Familienfeiern besonders gern und ausgiebig. Denn sie liebt es einfach, wenn alle zusammenkommen.

ARBEIT: Ihr Motto: »Just do it!« Die MACHERIN ist ein Arbeitstier durch und durch, der Duracell-Hase in Person. Alles, was sie anpackt, gelingt ihr auch. Dabei verausgabt sie sich im Job leicht, denn sie hält die eigenen Belastungsgrenzen selten ein.

EMOTIONEN: Die MACHERIN hat starke Emotionen und kann sehr gut auf ihr Bauchgefühl hören – von dem sie auch jede Menge hat. Ihre Emotionen sind meist stabil und geraten nur ins Schwanken, wenn sie sich körperlich überanstrengt.

LIEBE: Liebe muss für die MACHERIN intuitiv sein: Sie erkennt schnell, ob »es passt« oder nicht. Und sie entwickelt auch schnell starke Gefühle. Wenn sie in Beziehungen oder beim

Dating auf Hürden stößt, löst das bei ihr jedoch schnell Desinteresse aus. Auch die Liebe drückt sie lieber in Taten aus als in Worten.

FREUNDSCHAFT: In Freundschaften möchte sie es immer allen recht machen und kann nicht »Nein!« sagen. Sie hat ein hohes Verantwortungsgefühl, was sie in ihrem Freundeskreis auch sehr beliebt macht – denn auf sie ist immer Verlass.

DIE NETZWERKERIN

Die NETZWERKERIN hat ein gewaltiges Netzwerk sowie ein breites Wissen. Und sie teilt beides gern mit ihren Mitmenschen: Es gibt wohl keine Situation, in der sie keinen Tipp hat, wie jemand in ihrem Umfeld ein Problem lösen könnte. Auch kann sie stets mit einem Kontakt aushelfen. Denn es gibt niemanden, den sie nicht kennt oder zu dem sie nicht über drei Ecken einen Draht hat. Ob Party, Hochzeit, Kindergeburtstag oder Vernissage: Die NETZWERKERIN hat für jede Gelegenheit die passende Person an der Hand oder eine Idee, wo man den besten Caterer oder die passende Deko findet.

DAS MACHT DIE NETZWERKERIN AUS

Die NETZWERKERIN verbindet gerne Menschen miteinander, weiß genau, was der andere braucht, und fungiert nicht selten als vermittelnde Person. Auch weiß sie, wie sie andere in Szene setzt, hier jemandem einen Gefallen tut und da wieder einen einfordert. So webt sie fleißig ein feines Netz, für das andere sie oft bewundern. Doch auch sie hat eine Schwäche: Sie verteilt ihre Ratschläge jederzeit und überall – egal, ob ihr Gegenüber welche braucht oder nicht. Und sie glaubt zu wenig an sich und daran, dass sie alles auch allein, aus sich selbst heraus, schaffen kann, ohne die Hilfe der anderen.

Die NETZWERKERIN ist sehr gesellig und hat die große Gabe, die richtigen Menschen zusammenzubringen. Sie kann leicht und super schnell sehr enge, effektive und gesunde Beziehungen aufbauen. Bei jedem Kontakt denkt sie sofort daran, wie man ihn beruflich nutzen könnte. Das tut sie nicht aus Böswilligkeit, es ist für sie einfach völlig selbstverständlich. Und deshalb wirkt es auch so locker, dass die Menschen sich von ihr gerne »einwickeln« lassen. Für sie ist es immer ein Geben und Nehmen: Mindestens genauso oft, wie sie um Hilfe bittet, profitiert man auch von ihren Kontakten und Empfehlungen. Sie besetzt damit in Bezug auf uns Frauen eine wichtige Funktion in der Gesellschaft. Das Netzwerken – oder, wie man in Köln sagt: das »Klüngeln« – galt bisher oft als fast rein männliche Kraft. Männer haben dafür seit jeher eine etablierte Kultur, mit Ritterrunden, Stammtischen und Männerclubs. Dass sich eine Frau abends von ihrer Familie mit den Worten verabschiedet, sie gehe jetzt zum Frauenstammtisch, scheint kaum vorstellbar. Dabei ist es super wichtig, dass es mehr solcher Netzwerke und Treffpunkte für Frauen gibt, die sich mit Rat und Tat zur Seite stehen. Und die NETZWERKERIN sammelt nicht nur Kontakte, sondern sie saugt auch fleißig Informationen und Erfahrungsberichte auf, wann immer sie etwas liest, mit Menschen spricht oder von neuen Entwicklungen erfährt.

Die NETZWERKERIN hat eine gute eigene Energie, aber sie greift oft lieber auf ihr Netzwerk und ihren Wissensschatz zurück, weil sie immer das Gefühl hat, dass jemand anders es eben noch besser kann. Ihr Netz gibt ihr Energie. Sie macht sich dadurch aber natürlich immer auch ein Stück weit abhängig von anderen. Doch sie hat nicht nur Person A und B, sondern auch Person C, D und E im Hinterkopf.

Die NETZWERKERIN hat eine tolle Ausstrahlung und ein solches Charisma, dass man einfach gerne mit ihr zusammen ist. Sie ist sehr gesellig, schließt schnell Freundschaften und versteht es vortrefflich, andere Menschen zusammenzubringen. Sie weiß immer, was den anderen fehlt, und auch, wer helfen könnte. Das ist wirklich ihre große Stärke: Sie erkennt, wer gut zusammenpassen würde, und stellt sie einander vor. Dafür hat sie ganz klar ein gutes Händchen.

Die NETZWERKERIN arbeitet oft im Personalwesen, als Therapeutin oder Coachin oder sie leitet ein Team. Aber auch privat spielt sie ihre Fähigkeiten aus und stellt Freunde und Bekannte einander vor. Für all das ist viel Empathie nötig. Im Gegensatz zur EMPATHIN nutzt die NETZWERKERIN ihr Einfühlungsvermögen aber gezielt aus, um ihr Netz immer weiter zu spinnen, und verliert sich nicht in der Energie der anderen.

Die NETZWERKERIN ist sich ihrer Fähigkeiten durchaus bewusst. Gleichzeitig fühlt es sich für sie so an, als ob ihre Kraft nur über ihre Kontakte kommt und dass etwas nur funktionieren kann, wenn sie ihre Beziehungen spielen lässt oder von dem berichtet, was sie gehört, gesehen oder gelesen hat. Deshalb traut sie sich kaum zu, Probleme selbst zu lösen. Das geht so weit, dass sie zum Beispiel für die simple Reservierung in einem Restaurant erst jemanden anruft, der den Inhaber noch besser kennt und ihn um Unterstützung bittet, statt einfach selbst direkt in dem Restaurant anzuklingeln. Wenn es nicht das auf Wochen ausgebuchte neue In-Lokal der Stadt ist, lautet der Rat an die NETZWERKERIN: Mach es doch einfach selbst und spüre an dem Erfolg, wozu du alles selbst imstande bist!

Ein weiteres großes Thema für die NETZWERKERIN ist, dass sie nicht »Nein!« sagen kann, weil sie gerne allen gefallen will und ein leichtes Helfersyndrom hat. Ihre Wirkung nach außen ist ihr extrem wichtig: Wer bin ich für andere? Wie komme ich bei ihnen an? Wie beliebt bin ich?

Auf Partys erkennt man die NETZWERKERIN daran, dass sie sagt: »Ich seh mich mal noch ein bisschen um!« So dreht sie Runde um Runde, denn – man könnte ja noch jemanden treffen! Es ist ihr wirklich eine Herzensangelegenheit, viele Menschen zu kennen und zusammenzubringen und auch immer die frischesten News zu kennen. Dabei will sie es aber auch stets allen recht machen. Die große Gefahr besteht darin, dass sie sich von sich selbst entfernt. Ihr Schlüssel zum Glück: das Wissen über ihr volles eigenes Potenzial und die Gewissheit, auch geliebt und beliebt zu sein, wenn sie mal nicht Everybody's Darling ist.

DIE NETZWERKERIN ALS KIND

Schon früh ist ziemlich klar, dass die NETZWERKERIN ein Menschenmagnet ist. Sie hat schnell viele Freunde zum Spielen und ist in der Schule Klassensprecherin oder im Schülerrat engagiert. Sie liebt es einfach, von anderen Kindern umgeben zu sein und das Leben zu genießen. Schwierig wird es für die NETZWERKERIN, wenn sie von ihren Eltern in dieser Leichtigkeit beschnitten wird. Auch kommt sie schnell in Gewissenskonflikte, wenn sie sich bei Meinungsverschiedenheiten unter ihren Freundinnen auf eine Seite schlagen soll. Sie möchte allen helfen, mit allen gleich gut befreundet sein und nicht favorisieren. Die kleine NETZWERKERIN mag viel lieber den lockeren Umgang mit mehreren Menschen und nicht das Fokussieren auf nur eine Person.

Es ist schwierig, der NETZWERKERIN als Kind Grenzen und Verbote zu erteilen, die ihren Drang nach gesellschaftlichem Umgang unterbinden. Wird ihr also ein Kindergeburtstag oder die Eisdisco untersagt, bricht für sie schneller als für die anderen Soulwomen eine Welt zusammen, weil sie auch schon als Kind das starke Gefühl verspürt, etwas verpassen zu können. Unterstützen kann man die NETZWERKERIN, indem man ihre eigenen Fähigkeiten fördert, beispielsweise im Sport oder musikalisch. So erfährt sie spielerisch, dass sie gern in einem Team beraten darf, aber dass auch ihre bloße Anwesenheit ausreicht, um gemocht zu werden.

Die NETZWERKERIN im Alltag

FAMILIE: Für die NETZWERKERIN sind ihre Familienmitglieder Freunde und ihre Freunde sind auch Familie. Da gibt es keine Abgrenzung oder einen Inner Circle.

ARBEIT: »Beziehungen sind alles!« lautet das Motto der NETZWERKERIN. Und ihre Kontakte nutzt sie natürlich auch beruflich oder sogar vor allem da. Für sie ist wichtig, dass sie für jedes Problem einen Rat und einen Kontakt im Adressbuch hat, der helfen kann. Im beruflichen Kontext ist sie oft als Vermittlerin, Therapeutin, Beraterin, Schlichterin und Netzwerkerin aktiv.

EMOTIONEN: Die NETZWERKERIN ist empathisch und reflektiert. Ihre Emotionen sind sehr stabil. Dabei weiß sie vor allem, was ihr Gegenüber braucht, um sich wohlzufühlen. Sie kann ihre Emotionen gut anpassen. Übertreibt sie jedoch damit, läuft sie Gefahr, dass sie sich selbst emotional vernachlässigt und oberflächlich wird.

LIEBE: Sie ist der typische »Partner in Crime«, mit dem man alle Höhen und Tiefen meistern kann. Liebe entsteht für sie aus Teamfähigkeit, und das Gefühl von Zugehörigkeit ist ihr unheimlich wichtig.

Sie lebt Partnerschaft auf allen Ebenen und ihr Partner oder ihre Partnerin ist immer auch der beste Freund beziehungsweise die beste Freundin.

FREUNDSCHAFT: Die NETZWERKERIN hat einen eher kleinen Freundeskreis, pflegt aber Kontakte zu einem großen Bekanntenkreis. Sie ist die absolute Small-Talk-Königin, integriert ihr Business auch im Privatleben und ist immer geschäftig. Ihre Freunde kennen sie als jemanden, der immer hilft und stets nach Lösungen für Herausforderungen sucht, egal, wie unlösbar diese scheinen.

Jetzt, da du die fünf Frauen im Detail kennengelernt hast, erzähle ich dir von ihrer Bergtour. Unterwegs lernst du sie noch besser kennen und erlebst mit, vor welchen individuellen Herausforderungen sie stehen – und wie sie ihren ganz eigenen life-changing moment erleben. Dieser Moment wird ihre Sicht auf sich selbst verändern und bietet eine Chance auf echte Transformation.

FÜNF BERGSTATIONEN UND FÜNF ERKENNTNISSE

Tour zur Himmelspforte am Schafberg
Höhe: 1783 Meter
Strecke: 7,5 Kilometer
Dauer: ca. 3:50 Stunden
Start: St. Wolfgang am Wolfgangsee

Es ist Samstag, die Uhr zeigt 7 Uhr morgens. Der Himmel ist klar und die Stimmung im Auto bestens: Die fünf Frauen fahren auf dem Parkplatz am Fuße des Schafbergs vor. Heute wollen sie gemeinsam ihr Abenteuer wagen. Die MACHERIN springt zuerst aus dem Wagen – an ihren Füßen glänzen die neuen Wanderstiefel. Die STRATEGIN hat ein Extrapaar Socken im Rucksack, falls sie sich Blasen läuft. Die passenden Pflaster, pinkes Tape und eine kleine Erste-Hilfe-Tasche hat sie natürlich auch eingepackt – für alle Fälle. Die EMPATHIN freut sich über die gute Stimmung und lächelt zufrieden in die Runde. ›Wie toll, dass wirklich alle Zeit gefunden haben, heute hier dabei zu sein!‹, denkt sie. Die NETZWERKERIN tippt nervös auf ihrem Handy und redet vor sich hin: »Oh Mann, Nils ist ja noch gar nicht da! Wo ist dieser Typ nur? Er sollte eigentlich hier auf uns warten.« Sie hat den Guide organisiert, der sie heute bei der Tour begleiten soll. Vor der Tour hatte sie in die WhatsApp-Gruppe der Mädels geschrieben: »Mein Rat an euch ist wirklich, dass wir da nicht allein hochgehen. Das kann ja auch gefährlich werden, wenn schlechtes Wetter aufzieht, wir uns verlaufen oder sich jemand verletzt. Lasst uns bitte einen Guide mitnehmen!« Um ihn noch ein bisschen mehr anzupreisen, schickte sie auch gleich ein Foto mit:

Darauf war ein braun gebrannter, attraktiver Nils zu sehen, der sichtlich stolz an einem Gipfelkreuz steht. Wohl ein typisches Tinder-Bild in Österreich, hatte die NETZWERKERIN noch erklärt, um damit auch gleich über seinen Beziehungsstatus zu informieren.

»Noch kein Alpen-Hottie in Sicht«, meldet die EMPATHIN jetzt kichernd und alle lachen – bis auf die NETZWERKERIN, die sichtlich sauer ist, weil Nils nicht wie verabredet am Treffpunkt steht. »Er hatte fest zugesagt und die Freundin, über die ich ihn kenne, sagt auch, dass er total zuverlässig sei.«

»Mach dir keinen Stress, bitte, den brauchen wir doch eigentlich eh nicht. Das kriegen wir doch auch ohne ihn hin«, versucht die STRATEGIN, die Situation zu entspannen.

Die VISIONÄRIN scheint hingegen direkt ein wenig enttäuscht zu sein, dass sie ohne den hübschen Guide losgehen soll. Ihre Blicke verraten, dass sie sich das hier alles ganz anders vorgestellt hatte. ›Und das da vorn soll der Wanderweg sein?‹, denkt sie – und sagt: »Der Weg sieht komisch aus, so schmal. Da können wir gar nicht gut nebeneinander laufen.«

»Wieso, reicht doch für uns? Ist ja heute zum Glück auch gar nicht viel los hier«, entgegnet die MACHERIN.

»Oh Mann, Mädels! Ich hab mir das irgendwie schon schöner beziehungsweise spektakulärer vorgestellt«, beharrt die VISIONÄRIN.

»Ach, komm, das wird schon werden. Warte erst mal ab«, will die MACHERIN sie beruhigen.

Die VISIONÄRIN schaut nach oben in Richtung Berggipfel und ihre Stimmung klart etwas auf. Die EMPATHIN folgt ihrem Blick und bekommt einen verträumten Gesichtsausdruck – die beiden sind in Gedanken schon am Ziel ihrer Wanderung und das heitert vor allem die VISIONÄRIN sichtlich auf.

Als der Guide zehn Minuten später immer noch nicht da ist, beschließt die Gruppe, wirklich ohne ihn loszugehen. Zwar hängt die

NETZWERKERIN noch am Handy und versucht weiter, ihn zu erreichen, doch er geht nicht ran und antwortet auch nicht auf Nachrichten. Also versucht sie es bei der Freundin, die Nils empfohlen hat, doch die weiß auch nichts. Die NETZWERKERIN hat die arme Frau gnadenlos am frühen Samstagmorgen aus dem Bett geklingelt!
»Jetzt taucht der einfach nicht auf! Ich hab den Mädels versprochen, dass er uns auf den Berg bringt, und das ist mir total peinlich, dass ich ihn hier groß ankündige und dann kommt er nicht!«
Nach einigem Hin und Her legt sie sichtlich frustriert wieder auf.
Die MACHERIN klopft ihr aufmunternd auf die Schulter: »Lass dich nicht ärgern! Schau, da vorn ist schon der erste Wegweiser, da geht es los.«
»Ja, ich habe hier auf Google Maps auch eine total gute Karte von unserem Weg«, erklärt ihr die STRATEGIN.
Die MACHERIN bekräftigt: »Dein Handy ist heute unser Nils, zugegeben, nicht ganz so lebendig, aber dafür verlässlicher. Wer braucht da schon so einen Typen! Kommt, hier geht es doch heute um uns und nicht um irgendwelche Kerle.«
Die MACHERIN hat etwas entdeckt: »Es gibt da vorn ja auch eine total schöne Zahnradbahn«, ruft sie. »Wusstet ihr das? Die fährt direkt nach oben, bis zum Gipfel!«
»Ja und? Wir sind doch nicht zum Bahnfahren hergekommen, sondern wir wollen zusammen wandern und uns dabei selbst finden – oder hab ich was verpasst?«, fragt die VISIONÄRIN entgeistert.
Die MACHERIN geht jedoch gerade ganz ihrem pragmatischen Bauchgefühl nach und spürt schon die Erleichterung. Denn sie denkt: ›Wenn jetzt alle mit der Bahn hochfahren würden, hätten wir oben viel mehr Zeit, um die Aussicht zu genießen. Niemand könnte sich unterwegs verletzen oder schlechte Laune kriegen. Wir hätten schön Zeit da oben und zusammen wieder runterlaufen könnten wir ja trotzdem noch. Und ich habe ja heute Abend auch eine Verab-

redung, das war sowieso alles etwas knapp geplant, aber wenn wir diese Bahn nehmen, würden wir das auf jeden Fall schaffen ... ‹ Die MACHERIN setzt also an und sagt: »Hey, wollen wir nicht die Bahn probieren? Überlegt doch mal: Wenn wir damit fahren, sind wir ganz fix oben, können in Ruhe Fotos machen, die Aussicht genießen und dann gemütlich zusammen wieder runterlaufen! Das wär doch auch toll! Und was soll unterwegs schon Spannendes passieren außer steinige Wege, ein paar Wiesen und Kühe?«

Die Gesichter der anderen sprechen Bände: Niemals – sie wollen alle wandern! »Wir sind doch nicht so weit gefahren, damit wir jetzt hier nur ein bisschen bergab spazieren gehen«, stellt die VISIONÄRIN klar, die nun offenbar auch Blut geleckt und Lust auf die Tour bekommen hat. »Ich will das volle Programm und ›The Big Magic‹. In meinem Lieblingsdeli in Düsseldorf steht nicht umsonst in Leuchtreklame geschrieben: ›You've gotta risk it, to get the biscuit!‹ Also: Lasst es uns riskieren!« Die anderen pflichten ihr begeistert bei.

»Okay, okay, ihr habt ja recht«, lenkt die MACHERIN schnell ein. »Wir sind zusammen hier, also gehen wir auch zusammen da hoch!« Zur Bekräftigung läuft sie direkt weiter und setzt ihre Bergstiefel dabei betont energisch in den Schotterweg. Die NETZWERKERIN schließt schnell zu ihr auf. Sie wirkt noch nicht ganz entspannt und ist sichtlich in Gedanken. Die Sache mit Nils lässt sie nicht los und ein paar Hundert Meter weiter schimpft sie plötzlich noch mal laut: »Arrrgh, das nervt mich so, dass das mit diesem Typ nicht geklappt hat! Ich hab den organisiert, es war alles ganz klar abgesprochen und der war auch super nett. Warum funktioniert das trotzdem nicht? Wenn ich mal was brauche! Ich renn ständig für alle anderen durch die Gegend und stehe jedem immer mit Rat und Tat zur Seite. Und dann ist dieser Typ einfach nicht erreichbar!«

»Du darfst dich nicht so abhängig machen«, antwortet die MACHERIN knapp. Und das Wort geht der NETZWERKERIN durch Mark und Bein: Abhängig? Sie? Das ist doch Quatsch! Sie braucht keinen Nils. Wenn der nicht will, hat sie noch zehn andere Kontakte, die sie nach Guides für Bergtouren fragen kann.

Aber ganz tief in ihrem Inneren beginnt es zu arbeiten. Sie kann Stück für Stück mehr in ihre Verletzlichkeit gehen und sich selbst eingestehen, dass es schon stimmt, dass sie sich jetzt nur so ärgert, weil sie sich mal wieder auf jemand anders verlassen hat. Sie muss plötzlich an einen Spruch denken, den ihre Oma immer gepredigt hat und den sie als Kind eher nervig fand: »Wer sich auf andere verlässt, ist verlassen.« Vielleicht ist da doch was dran, dass man sich immer ein Stück abhängig macht, wenn man auf andere baut? Und dass man viel mehr auf sich selbst vertrauen sollte? Dass sie selbst nicht immer nur auf ihre Kontakte setzen, sondern die Sachen selbst anpacken sollte? Und dass sie viel mehr ist als ihre Ratschläge, die sie so gern anderen gibt. Dass sie selbst auch viel kann, das spürt sie tief drinnen, aber jetzt wird dieses Gefühl stärker und bahnt sich seinen Weg in ihr Bewusstsein. Sie fühlt sich plötzlich ganz eng mit der STRATEGIN verbunden. Wie diese die Route selbst ausfindig gemacht hat und jetzt genau weiß, wie es nach oben geht: Das muss sich toll für sie anfühlen! Und dieses absolut beruhigende Gefühl von Unabhängigkeit hat die NETZWERKERIN jetzt auch.

»Na los, komm schon«, reißt die MACHERIN sie aus ihren Gedanken. »Wir schaffen das ja wohl wirklich auch ohne Mann!«

Die NETZWERKERIN atmet einmal laut seufzend aus. »Ja, stimmt: WIR schaffen das – und natürlich auch ohne Männer«, erklärt sie, packt ihr Handy ein und läuft los. Ihr geht dabei weiter durch den Kopf, dass sie sich natürlich jederzeit helfen lassen kann. Aber dass sie eben nicht immer auf die Erfahrungen von anderen zurückgreifen muss. Denn sie ist selbst stark genug, um ihre Probleme zu lösen und ihr Leben in die Hand zu nehmen. Sie liebt es zu netzwerken, Informationen aufzunehmen und ihre Mitmenschen zu beraten. Aber dabei ist vor allem eins wichtig: Dass sie spürt, dass sie auch selbst, ohne diese ganzen Servicedienste, die sie ständig leistet, ganz viel wert ist und dass eine Dosis STRATEGIN ab und an in ihr ein extrem gutes Gefühl von Unabhängigkeit auslöst.

Das ist der life-changing moment
der NETZWERKERIN!

Nach rund zwei Kilometern vorbei an saftigen grünen Wiesen und mit dem Blick Richtung Schafberg machen die fünf Frauen kurz Halt. Die MACHERIN hat ihre Schuhe zu fest geschnürt und um eine kurze Pause gebeten, damit sie sie ausziehen und ihre Füße etwas bewegen kann. Die Gruppe nutzt die Chance, um an der Jausenstation Aschinger einzukehren, auf die Toilette zu gehen und Getränke zu bestellen. »Lasst uns doch hier kurz erfrischen«, hatte die EMPATHIN vorgeschlagen. »Eine Apfelschorle aus dem Kühlschrank schmeckt allemal besser als das Leitungswasser aus unseren Flaschen.« Alle waren einverstanden und so sitzen die fünf jetzt draußen an einem Tisch in der Sonne. Sie genießen die Wärme, reden darüber, was sie vergangene Woche erlebt haben, lachen zusammen und freuen sich einfach, dass sie gemeinsam diesen Tag verbringen können. »Schaut mal, die verkaufen hier sogar selbst gebackenen Kuchen«, wirft die EMPATHIN ein. »Das muss toll sein, wenn man so sein Geld verdient …« Sie schaut verträumt in die Ferne. Während sie noch ihren Gedanken nachhängt, packen die anderen schon zusammen: Es geht weiter!

Doch leider wird der Weg nun immer beschwerlicher: Die Steine am Boden werden größer und der Pfad führt sie in einen Wald, in dem man nichts mehr sieht außer hohe, kahle, braune Baumstämme. Die schöne Aussicht auf den Berg ist weg, das Licht ist dunkler und alle müssen vorsichtig gehen, weil es viele Wurzeln gibt, über die man stolpern kann.

»Boah, so habe ich mir das aber nicht vorgestellt«, beschwert sich jetzt die VISIONÄRIN. »Ich dachte, wir gehen hier eine superschöne Tour, aber was ist das denn jetzt bitte!«

Die NETZWERKERIN gibt in Richtung STRATEGIN zu bedenken: »Sind wir hier wirklich richtig? Magst du nicht mal checken, ob dein Handy überhaupt noch genug Empfang hat und die Strecke richtig angezeigt wird?« Doch sie stockt und nimmt ihren vorschnellen Hinweis wieder zurück: »Sorry, du wirst schon selbst merken, wenn dein Handy nicht aktualisiert und wir vom richtigen Weg abgekommen sind.«

Die VISIONÄRIN schimpft sich derweil in Rage und scheint nicht mehr zu stoppen: »Der Weg ist total blöd, und die Sonne ist auch verschwunden! Und jetzt kommt da Nebel auf – ich bekomme gleich die Krise! Was wird nur aus meinem Big Picture am Gipfelkreuz? So wird das nichts mit der Big Magic! Vielleicht hätte es eben doch der Himalaja sein müssen und nicht dieser langweilige Schafberg in Österreich.«

»Ach, komm«, versucht die EMPATHIN auf sie einzugehen, »so schlimm ist es doch hier gar nicht. Es ist sogar total schön. Oder zumindest riecht es so toll nach Wald! Versuch doch einfach, es trotzdem zu genießen und das Positive an dem Ganzen zu sehen!«

»Sorry, Leute«, schimpft die VISIONÄRIN weiter, »aber so habe ich mir das alles gar nicht vorgestellt. Das ist überhaupt nicht meins. Ich will das einfach nicht. Ich will die Weite und das Magische der Natur – nicht so 'ne dunkle Höhle! Hier ist ja nicht mal Grün zu sehen, alles ist braun, braun, braun. Und der Weg ist auch so uneben, das ist doch beknackt!«

Die NETZWERKERIN ergreift das Wort: »Du, manchmal ist der Weg eben erst steinig, dunkel und nebelig, bevor er wieder hell und wunderschön werden kann«, erklärt sie der VISIONÄRIN.

»Ja, auf jeden Fall«, steigt die MACHERIN ein. »Wir müssen einfach weitergehen und dann wird es schon besser. Wir gehen Schritt für Schritt zum Ziel! Nicht lange quatschen und grübeln – einfach machen!«

Die VISIONÄRIN schaut genervt zu den beiden hinüber, geht aber weiter und versucht, ihre Emotionen und Erwartungen in den Griff zu bekommen. »Okay. Dann übe ich mich jetzt eben im Vertrauen, dass auf dem Berggipfel wieder die Sonne zu sehen ist. Und ich mein Big Picture doch noch bekomme«.

Alle sind sichtlich erleichtert. Die NETZWERKERIN gibt der VISIONÄRIN ein High Five. Und die MACHERIN sagt ganz euphorisch zu ihr: »Hier hält ja heute keiner mit seinen Gefühlen hinterm Berg, also lass dich knutschen! Schön, dass wir jetzt weitergehen!«

»Perfektes Stichwort: Allerdings sind wir nicht hinterm Berg, sondern vor dem Berg«, ruft da die STRATEGIN. »Laut Navi sind wir in knapp 15 Minuten aus diesem zugegebenermaßen sehr anstrengenden Wald raus, und dann gibt es wieder schönstes Alpenpanorama zu sehen. Also bitte, meine Damen: Weiter geht's!«

Alle rufen »Yeah!« und »Juchhu!«, reißen die Arme hoch und laufen weiter. Die MACHERIN schaut noch einmal zur VISIONÄRIN und sagt: »Vertrau einfach drauf, dass du schon alles bekommst, was du dir wünschst.« Diese lächelt dankbar zurück.

Nach rund einer halben Stunde erreichen sie die Donneralm: eine wunderschöne Alm mit tollem Blick ins Tal. Alle atmen durch, freuen sich – aber sie wollen keine Pause machen, sondern weitergehen. Ab der nun folgenden Mittelstation – der Schafalpe – gibt es mehrere Optionen, unter anderem einen kurzen, aber sehr steilen Weg. Der Blick geht zur STRATEGIN, die entscheiden soll. Doch die MACHERIN ist schneller, denn für sie ist klar, dass sie den kurzen Weg nehmen will: »Ist doch egal, wie steil das ist, wir sind doch alle fit«, drängelt sie. »Ich will da jetzt einfach so schnell wie möglich hoch.«

Die NETZWERKERIN ist unsicher: »Sollten wir nicht lieber jemanden fragen, der den Weg schon mal gegangen ist – und der auch uns kennt? Es wäre schon gut, wenn wir einschätzen könnten, ob wir das wirklich schaffen. Ich gehe zweimal die Woche joggen, aber so einen Berg hochzugehen, ist ja wohl doch etwas anderes.«

Doch die MACHERIN ist ungeduldig: »Das schaffen wir schon! Kommt, lasst uns diesen Weg nehmen – zack ans Ziel. Ich habe auch echt Hunger!«

Die VISIONÄRIN und die EMPATHIN setzen andere Maßstäbe an: »Wir wollen den schönsten Weg gehen, bitte«, sagen beide. Die NETZWERKERIN gibt noch zu bedenken: »Mir tun auch schon total die Beine weh, ich kann nicht mehr so lange laufen!«

›Ja, was jetzt?‹, denkt die STRATEGIN und in ihrem Kopf rattern die Gedanken: ›Nicht mehr lange laufen will die eine, aber anstrengend darf es auch nicht sein. Tolle Aussicht, bitte, aber Hunger haben sie auch. Oh Gott, wieso muss ich das jetzt entscheiden, wo doch jede in der Gruppe was anderes will?! Natürlich ist der eine der einfachere Weg und der andere der schnellere. Aber ich weiß nicht sicher, ob wir den schnelleren packen. Und die Aussicht ist da wahrscheinlich wirklich nicht so super. Doch wir wollen ja alle schnell ankommen …‹ Alle reden weiter auf sie ein und sie würde gern nur noch laut schreien. Genau das tut sie dann plötzlich auch: »Stopp!!!« Alle zucken zusammen. »Hört sofort auf! Ich weiß auch nicht mehr weiter. Ich hab mal ausnahmsweise keinen Plan und der Nebel irritiert mich auch noch!« Sie sackt geradezu in sich zusam-

men, geht in die Hocke und lässt erschöpft den Kopf in ihre Hände sinken.
»Was sagt denn dein Bauchgefühl?«, fragt die VISIONÄRIN sie leise und vorsichtig. »Welcher Weg hat dir sofort gefallen – welche Idee hattest du ursprünglich, wo wir am besten langgehen?«
Die STRATEGIN hebt langsam den Kopf und schaut nach oben. »Ich dachte, dass der schnelle Weg für uns am besten funktioniert. Wenn wir den nehmen, sind wir in etwa 20 Minuten am Gipfel. Dann haben wir da auch einen tollen Blick. Und wir schaffen ihn bestimmt, lasst uns das machen!«
»Okay«, heißt es etwas müde aus der Runde, aber alle nicken und sind einverstanden. Als sie weiterlaufen, geht der STRATEGIN noch mal durch den Kopf, wie sie empfunden hat, als sie nach ihrem Bauchgefühl gefragt wurde. Angenehm war das, vertraut. Sie hat ihre Intuition sprechen lassen und das hat wunderbar funktioniert. Die Ablenkung durch die anderen und dass alle so auf sie eingeredet haben, hat sie schrecklich nervös gemacht – und ihren Plan durcheinandergebracht. Eigentlich war sie sich schon beim Start der Tour sicher, welcher Weg hier oben am besten passen würde. Nur weil alle gleichzeitig gesprochen haben und jede ihre Bedürfnisse angemeldet hat, ist sie unsicher geworden. Dabei hatte sie das doch von Anfang an alles auf dem Schirm.
Der STRATEGIN selbst wird jetzt klar, wie wichtig es für sie ist, dass sie ihren Impulsen nachgehen darf. Aus ihnen entwickelt sie ihre Strategien – das ist ihre Superpower! Sie darf ihrem Bauchgefühl glauben: Die Pläne, die sie intuitiv entwickelt, sind in der Regel genau richtig.

Das ist der life-changing moment
der STRATEGIN!

Das letzte Stück Weg Richtung Gipfel ist wirklich eine Herausforderung. 700 Höhenmeter sind zu bezwingen, es geht steil bergauf. Die Frauen setzen einen Fuß vor den anderen, die Gespräche ebben immer mehr ab, man hört bald nur noch das kräftige Ein- und Ausatmen der Gruppe. Sie haben erst rund ein Drittel des letzten Anstiegs geschafft, als die STRATEGIN stehen bleibt, sich an den Kopf fasst und sagt: »Ich brauche eine kurze Pause. Mein Kreislauf macht das nicht gut mit, mir ist schwindlig.«

Die anderen eilen herbei: »Setz dich!« – »Ruh dich aus.« – »Hier, trink mal einen Schluck!«, raten ihr die anderen, während sie ihr abwechselnd über den Arm und den Rücken streichen. Die STRATEGIN greift zur Flasche und setzt sie mehrmals an.

»Ruhig weiteratmen, alles wird gut«, spricht die EMPATHIN beruhigend auf sie ein.

»Es geht schon wieder«, erklärt die STRATEGIN, noch etwas außer Atem. »Aber ganz ehrlich: Ich glaub, ich pack das nicht. Ich bin schon total fertig, die Beine tun mir weh und mein Rucksack ist so schwer. Ich glaub, ich muss eigentlich auch gar nicht unbedingt bis ganz oben. Ich sehe doch auch das Gipfelkreuz von hier aus schon.«

»Ich versteh dich total«, sagt die EMPATHIN. »Mir ist auch ein bisschen schummrig.«

»Wir können ja hierbleiben«, schlägt die STRATEGIN vor. »Wer von euch noch weitergehen mag: Macht ruhig, wir warten hier in Ruhe. Ihr könnt euch Zeit lassen!« Die EMPATHIN nickt bestätigend.

»Quatsch, auf keinen Fall«, platzt es aus der MACHERIN heraus. »Entweder wir gehen alle oder keiner. Kommt her, ich nehme eure schweren Sachen! Gebt mir die Trinkflaschen, Proviant, Regenjacken – her damit, wirklich! Ich hab noch Kraft, ich trag das alles für euch. So habt ihr mehr Energie und dann packen wir das auch alle!«

Die anderen zögern erst, aber als die VISIONÄRIN ihre Flasche hinreicht und sagt: »Ach, cool, danke – das hilft natürlich wirklich!«, trauen sich auch die anderen. Nacheinander geben sie der MACHERIN alle etwas aus ihrem Rucksack. Die stopft es schnell in ihren eigenen, schultert ihn wieder und sagt: »Super, dann können wir weiter! Los, es ist nicht mehr weit!« Die MACHERIN ist happy, als sich die Gruppe wieder in Bewegung setzt. Sie selbst spürt den Schmerz in ihren Beinen zwar auch, aber freut sich umso mehr, dass sie alle zum Weitergehen motivieren konnte. Sie ist das Zugpferd und kann die anderen mit ihrer Energie ein Stück weit anstecken! Doch ab jetzt zieht sich der Weg gefühlt wie Kaugummi. Die fünf sehen das Gipfelkreuz zwar die ganze Zeit über, aber es scheint nicht näher zu kommen. Sie laufen und laufen und laufen, aber es geht einfach nicht richtig vorwärts. Der Weg führt sie hin und her, aber nicht näher heran – zumindest fühlt es sich so an. Alle jammern. Nur die MACHERIN nicht: Sie versucht, cool zu bleiben, und beißt die Zähne zusammen. ›Vielleicht könnten wir noch eine Pause machen‹, denkt sie. ›Aber dann wäre die Motivation gleich wieder im Keller, und wahrscheinlich will dann keiner mehr weiter. Nee, das machen wir mal lieber nicht.‹ Sie läuft trotzdem weiter. Aber ihr voller Rucksack drückt sie fast zu Boden, sie spürt die zusätzliche Masse mit jeder Bewegung. Tapfer sammelt sie weiter Schritte auf dem Boden. Doch plötzlich bekommt sie einen Krampf in der Wade. Der Schmerz zwingt sie schließlich in die Knie – beziehungsweise im wahrsten Sinne des Wortes auf den Boden der Tatsachen. Wimmernd muss sie sich und den anderen schließlich ihre vermeintliche Schwäche eingestehen: »Ich bin am Ende. Meine Beine! Echt, ich will noch, aber es geht einfach nicht. Mein Rücken tut auch so weh. Ich bin einfach komplett durch.« Die anderen stehen sprachlos neben ihr und schauen sie mit großen Augen an. Was ist auf einmal mit ihr los? Wieso hat sie nicht früher gesagt, dass es ihr nicht gut geht? So einen Schwächeanfall hat es bei der MACHERIN noch nie gegeben – das konnte ja keiner erwarten! »Wir sehen doch dieses verdammte Kreuz die ganze Zeit«, schimpft die MACHERIN jetzt. »Aber wir kommen nicht dran. Und ich hab gesagt, ich trag eure Sachen, aber ganz ehrlich: Ich schaff das einfach nicht«, ächzt sie. »Ich dachte, ich krieg's hin, aber ich krieg's eben nicht hin. Ich glaube, so kaputt war ich noch nie in meinem ganzen Leben.«

»Warum hast du denn nichts gesagt?«, fragt die NETZWERKERIN sie. »Spielst hier die Heldin, motivierst uns alle und bietest uns sogar an, unsere Sachen zu tragen – aber dann bist du völlig k. o.? Nur sprechenden Menschen kann geholfen werden ...«

Die MACHERIN schweigt lange, bevor sie etwas erwidert: »Ihr seid von mir immer nur gewohnt, dass ich alles schaffe und alles mache. Dass ich die Erste bin auf der Party, die mit aufbaut, und auch die Letzte, die alles wieder wegräumt. Wahrscheinlich ladet ihr mich sogar nur deshalb ein! Weil ich auch noch Dekokram mitbringe, und klar, kein Problem, einen Kuchen backe ich auch noch schnell. Wisst ihr eigentlich, dass der Kartoffelsalat, den ihr immer alle so toll findet, zwei Stunden Arbeit bedeutet??? Zwei verdammte Stunden! Immer übernehme ich für alles die Verantwortung. Ob das für mich okay ist, interessiert niemanden. Die MACHERIN macht schon, die schafft ja immer alles, der kann man immer alles aufs Auge drücken. Danke! Oder besser nicht danke – denn wer von euch bedankt sich schon mal ernsthaft bei mir für all das, was ich da für euch runterreiße? Nein, ist doch total selbstverständlich! Wisst ihr was, davon hab ich richtig die Nase voll! Und wie doof bin ich eigentlich, dass ich das auch immer alles mache!« Wütend starrt sie in die Ferne. Die anderen stehen um sie herum und es ist noch mal länger still.

»Mist, du hast recht«, sagt auf einmal die VISIONÄRIN. »Wir verlassen uns immer viel zu sehr auf dich. Weil du auch einfach alles hinkriegst, und es wirkt auch so, als ob es dir ganz leichtfällt.«

»Tut es ja auch«, unterbricht die MACHERIN sie. »Aber anstrengend ist es trotzdem.«
Die EMPATHIN entgegnet: »Das versteh ich total. Aber es fühlt sich auch einfach so toll an, dass man sich immer auf dich verlassen kann und dass du alles schaffst und machst. Und du wirkst so happy dabei!«
Die VISIONÄRIN fährt fort: »Du sagst auch nie, dass du nicht mehr kannst. Wie sollen wir das dann merken? Zuerst musst du dir erlauben, schwach sein zu dürfen. Um Hilfe zu bitten. Unterstützung anzunehmen.«
Die MACHERIN weiß, dass die anderen recht haben. Und jetzt spürt sie auch, dass sie das wirklich darf: schwach sein. Und dass Schwäche zu zeigen nicht schwach ist, sondern stark. Dass sie es sich selbst schuldig ist, mit ihren Kräften zu haushalten, bevor sie am Ende am Wegesrand zusammenbricht und gar nicht mehr kann.
»Oh Mann! Wisst ihr: Ich bin gerade richtig sauer – auf mich«, sagt die MACHERIN. »Weil ich nie Nein sagen kann. Aber eins ist mir gerade echt klar geworden: ein Nein zu euch ist ein Ja zu mir.«

Das ist der life-changing moment der MACHERIN!

Die STRATEGIN ergreift die Initiative und motiviert noch einmal alle für die letzten Meter Weg: »Kommt, Leute, jetzt haben wir es wirklich fast geschafft! Jetzt geben wir nicht auf, sondern wir helfen und unterstützen uns gegenseitig. Und unsere Sachen tragen wir jetzt bitte alle wieder schön selber. Schaut mal, hier auf dem Routenplaner seht ihr, dass wir fast am Ziel sind.«

Und sie hat recht: Kaum zehn Minuten später, nach einem letzten, noch einmal richtig steilen Aufstieg, sind sie da: Das Gipfelkreuz steht direkt vor ihnen! Doch der Blick ins Tal ist leider alles andere als atemberaubend – die schlimmste Befürchtung der VISIONÄRIN ist wahr geworden: Auch hier ist alles voller Nebel und man sieht so gut wie nichts. Sie bekommt einen starren Blick. Das Vertrauen darauf, dass alles doch noch gut wird, ist komplett aus ihr verschwunden. Sie steht innerlich kurz vor einem Nervenzusammenbruch. »Ich bekomme gleich echt die Oberkrise. Ich sehe seit unserem Abend beim Italiener dieses Bild immer ganz klar vor mir und freue mich schon so darauf! Wir sind extra hierhergefahren und den Berg hochgelaufen, um dieses unfassbar schöne Big Picture zu bekommen – und dann das? Ich weiß gerade gar nicht, wohin mit meinen Emotionen ...«

Die MACHERIN ergreift das Wort: »Das Leben ist nun mal nicht immer so, wie man es sich ausmalt. Stattdessen kommt es doch viel mehr auf den Moment an.«

Die EMPATHIN schaut gedankenverloren in die Ferne: »Genau, und auch wenn etwas ganz anders ist, als man es sich vorgestellt hat, kann es doch total schön sein! Das wäre ja auch schade, wenn du das gar nicht spüren kannst«, bekräftigt sie mit Blick zurück zur VISIONÄRIN. Die braucht noch einige Momente, bis die Erkenntnis in sie hineinströmt: »Ihr habt recht. Wenn ich ganz ehrlich bin, macht mich das immer sehr fertig, wenn nicht alles genau so verläuft oder passiert, wie ich es in meinem Kopf oder in meinen Visionen sehe. Ich bin so beschäftigt damit, mein Big Picture zu erreichen, dass ich Spontanität oder das Schöne am Unverhofften gar nicht annehmen kann. Aber wenn ich immer nur ein Traumbild von etwas verfolge, dann verpasse ich die Realität. Und das ist so schade, weil ich es mir damit selber verbaue. Und die guten Momente nicht erkenne – so wie jetzt auch hier mit euch! Trotzdem spüre ich auf der anderen Seite aber auch gerade diese krasse Erleichterung, dass ich euch von meinen Emotionen und von meinem Problem erzählt habe. Dass ich euch offenbart habe, wie es in mir aussieht. Das mache ich ja sonst nie – ihr bekommt immer nur meinen Vulkanausbruch zu spüren. Die vielen Momente davor behalte ich für mich.« Die VISIONÄRIN weiß jetzt, was sie in Zukunft anders machen will: Ihre Visionen wird sie nicht aus ihrem Kopf bekommen und das ist auch gar nicht nötig, sie sind ja auch schön und es ist wichtig, dass sie sie hat. Außerdem tun sie ihr gut, sie fühlen sich erfüllend an. Aber sie will trotzdem viel mehr im Moment leben und auch das Hier und Jetzt bewusst genießen können, offener für die Realität sein.

»Apropos Realität«, unterbricht die STRATEGIN sie. »Ich habe, glaube ich, die Lösung für dein Problem gefunden. Meine Bergwetter-App zeigt mir in 15 Minuten einen nebelfreien Moment an. Vielleicht reicht das, um dein Big Picture am Kreuz aufzunehmen«, erklärt sie, während sie ganz vertieft in die Daten auf ihrem Smartphone zu sein scheint. Völlig ungläubig erwidert die VISIONÄRIN, dass sie jetzt die Hoffnung aufgegeben habe und alles eh keinen Sinn mehr mache.

»Auf keinen Fall geben wir jetzt auf«, stoppt die MACHERIN sie. »Alle gehen jetzt zum Kreuz und dort warten wir auf unseren Big-Picture-Moment! Wenn du dein Ziel erreichen willst, musst du auch was dafür tun!«

Die Gruppe marschiert gemeinsam vor zum Kreuz, das noch im dichten Nebel liegt. Und tatsächlich: Die STRATEGIN sollte recht behalten! Der Nebel lichtet sich, Stück für Stück, immer ein bisschen mehr. Und plötzlich, wie aus dem Nichts, ist die Sicht auf die wunderschönen türkisfarbenen Seen und das Alpenpanorama da. Die Sonne präsentiert mit ihren hellen Strahlen die ganze Schönheit dieses Fleckchens Erde.

»Wow, wie krass«, staunt die VISIONÄRIN. »Das ist genauso schön, wie ich es mir vorgestellt habe«, jubelt sie. Alle umarmen sich. Die MACHERIN zieht plötzlich aus ihrem Rucksack ein Stativ hervor und schraubt ihr Handy darauf fest, sodass sie blitzschnell Selfies machen und ein Reel für Instagram drehen können.
»Wow, du hast sogar ein Stativ dabei?«, fragt die STRATEGIN.
Die MACHERIN entgegnet lässig: »Gleich mitbestellt, als ich die Wanderstiefel gekauft hab. Ganz ehrlich, ich hab das mit diesem Nils von Anfang an nicht geglaubt, dass der hier extra herfährt, um uns auf den Berg zu führen. Und wer sollte dann die Kamera halten? Ich sorg lieber selbst vor.«
Alle feiern diesen Moment – und das Big Picture ist im Kasten! Die VISIONÄRIN verkündet mit strahlendem Blick: »Einfach mal machen, es könnte ja gut werden – ist jetzt mein neues Mantra! Ein bisschen MACHERIN im Leben zu sein, schadet wohl nie.« Sie ist sichtlich stolz auf ihren ganz eigenen magischen Moment.

Das ist der life-changing moment der VISIONÄRIN!

Links neben dem Kreuz sehen die fünf Frauen jetzt auch die sogenannte Himmelspforte: zwei Berge, die den Weg in den Himmel zeigen. Genau so fühlen sich die Freundinnen gerade – als wären sie dem Himmel ganz nah. Ihre Tour war ein ganz schöner Ritt, der Weg hier hoch war wirklich nicht ohne. Aber es hat sich wahnsinnig gelohnt. Nicht nur wegen des sensationellen Ausblicks, sondern auch wegen der einzigartigen Erfahrungen, die sie unterwegs machen durften. Was sie alle daraus mitnehmen, ist die Erkenntnis: Komm raus aus deiner

Komfortzone und sei mutig! Jede einzelne der fünf Frauen ist froh, dass sie dieses Erlebnis mit lieben Menschen teilen darf, die ebenso wie sie Lust aufs Leben haben. Sie sind sich sicher, dass sie sich kaum selbst entdeckt hätten, wenn sie lediglich zu Hause auf dem Balkon die Füße ins Planschbecken gesteckt hätten. Auf einer aufregenden Tour wie hier auf einen Berggipfel besteht schon eher die Chance darauf. Weil sie rausgegangen sind und neue Orte entdeckt haben, konnten sie sich selbst erfahren und kennenlernen! Sie würden jedem statt dem Planschbecken den Sprung in einen kalten Bergsee empfehlen!
Alle springen fröhlich umher und jubeln vor Erleichterung und Freude. Sie haben es wirklich geschafft! Sie haben alle zusammen diesen Berg bestiegen. Jede mit ihrer Geschichte, mit ihren individuellen Stärken und Schwächen. Was für ein Erlebnis – was für eine Magie! Die MACHERIN ist noch ganz nachdenklich. Dann sagt sie: »Hey, ganz ehrlich, Mädels, ihr habt mir so die Augen geöffnet. Ich muss einfach viel mehr auf mich schauen und in mich hineinhören, was ich brauche.«
»Und im wahrsten Sinne des Wortes nicht so viel mit dir herumtragen«, sagt die NETZWERKERIN mit einem liebevollen Lächeln.
»Ja, genau«, bestätigt die MACHERIN. »In meinen Rucksack gehört nur mein Kram. Die anderen können ihre Sachen selber tragen. Ich meine, ganz ehrlich: Zu Hause trage ich auch viel zu viel Verantwortung. Die Kinder, mein Job, der Haushalt, unser Hund – da ist einfach immer so viel zu tun! Und mein Mann verlässt sich viel zu sehr auf mich. Ich stemme gefühlt fast alles allein! Damit muss echt mal Schluss sein. Ich gebe mir hier und jetzt ganz deutlich die Erlaubnis, dass ich auch mal schwach sein darf, dass es völlig okay ist, wenn ich mal nicht alles hinbekomme, und dass ich Dinge delegieren darf.« Sie hält kurz inne und flüstert dann fast: »Wow, das fühlt sich richtig gut an.« Alle lächeln, fassen sich bei den Händen und schauen gemeinsam in die Ferne.

»Ich bin echt stolz auf uns«, sagt die NETZWERKERIN. »Wir haben das so gut hinbekommen heute. Ich bin stolz darauf, dass wir das ganz alleine geschafft haben. Und ich weiß jetzt auch, dass ich viel mehr wagen darf und dabei auf mich zählen kann. Mich selbst enttäusche ich ganz sicher nicht.« Alle drücken die Hände noch ein bisschen fester.

»Ciao, Nils«, witzelt die EMPATHIN und muss dabei schon lachen – die anderen prusten auch los.

»Ja, wer braucht schon einen Nils«, sagt nun auch die NETZWERKERIN mit einem breiten Grinsen. Der STRATEGIN liegt noch etwas auf dem Herzen: »Ich finde es einfach auch super toll, dass wir es gemeinsam so gut bis hier hoch geschafft haben. Und ich bin euch wahnsinnig dankbar, dass ihr mich dazu ermutigt habt, auf mein Gefühl zu vertrauen. Zu spüren, dass mein Plan von an Anfang an richtig war. Es war alles richtig und ich habe keine von euch enttäuscht. Ich kann mir selbst vertrauen!«

»Auf jeden Fall« – »Klar!« – »Unbedingt«, entgegnen die anderen. Die VISIONÄRIN ergreift das Wort: »Ich hätte ganz sicher nicht gewusst, wie wir hier gut hochkommen und welcher Weg sinnvoll ist. Liebe STRATEGIN, ich liebe deine Pläne und dass du hilfst, meine Visionen real werden zu lassen. Ich meine, guckt euch diesen fantastischen Ausblick an: Das ist noch schöner als das Big Picture, das ich davon in meinem Kopf hatte. Und es ist für mich einfach so befreiend zu wissen, dass der Weg zum Ziel so unterschiedlich sein und dass man Herausforderungen so leicht lösen kann. Ich will nicht wieder mit Mister Nils anfangen, aber ich meine, wir sind ja davon ausgegangen, dass der uns hier sagt, wo es langgeht. Aber ihn brauchen wir einfach gar nicht! Ich liebe es so sehr, dass wir jetzt alle hier sind.«

Auch die EMPATHIN schwärmt: »Ja, das ist so toll, dass wir uns gegenseitig so gepusht haben. Wir waren ein starkes Team heute und haben alle füreinander eingestanden. Das fühlt sich echt toll an.« Dabei stockt ihre Stimme und sie fährt fort: »Aber ganz ehrlich: Ich freue mich ja total für euch alle, dass ihr euch selbst die Erlaubnis geben könnt, euer wahres Ich zu leben. Und dass ihr hier echte life-changing moments erlebt habt.« Sie klingt jetzt ein bisschen bitter: »Aber ich hatte das mal wieder nicht ...«

Die anderen sind irritiert. Die NETZWERKERIN fragt: »Aber du hast dich doch immer für uns mitgefreut und hast auch alles mitgemacht? Was ist denn jetzt das Problem?«

»Genau das: Ja, ich habe alles nachempfinden können, alle Probleme verstanden«, entgegnet die EMPATHIN. »Aber das waren eure Probleme und eure Themen. Keines davon ist mein Thema.«

Die MACHERIN entgegnet: »Dann nimm es doch einfach als deine Superpower an, dass du immer weißt, wie es den anderen geht! Dass du immer so viel Mitgefühl für alle hast. Und sei dir dabei trotzdem im Klaren darüber, dass du auch ein eigenes Leben hast und dass du dich selbst genauso wichtig nehmen darfst.«

Die VISIONÄRIN schaut zur EMPATHIN und fragt: »Wenn du sagst, unsere Themen sind nicht deine – was ist denn dann dein Thema?«

Die EMPATHIN zögert und denkt nach. Dann beginnt sie stockend zu erzählen: »Ich glaube, ich habe euch noch nie von meinem Lebenstraum erzählt.«

»Nein, welchen Traum hast du denn?«, fragt die VISIONÄRIN ganz gespannt.

»Ja, los – erzähl«, rufen die anderen. Alle werden ganz aufgeregt, was die EMPATHIN richtig perplex macht – so viel Aufmerksamkeit und Interesse ist sie nicht gewöhnt.

»Ach, so wichtig ist das nun auch nicht«, wiegelt sie ab. Doch die anderen lassen nicht locker und überreden sie, von ihrem Traum zu erzählen. »Okay. Also, ich wollte schon immer ein Café eröffnen. Ja, ich weiß: Das klingt ein bisschen verrückt und man weiß ja gar nicht, ob das dann auch läuft und ob man davon leben kann. Es gibt ja auch schon mehr als genug Cafés auf dieser Welt. Aber trotzdem:

Es wäre wirklich ein richtig großer Traum von mir! Und wisst ihr was? Zwei Straßen weiter gibt es gerade die perfekten Räume dafür: Da steht ein ehemaliges Bistro seit einigen Monaten leer und ich glaube, ich würde das gern mieten und dort meinen eigenen Laden eröffnen und Kaffee, Kuchen, frische Säfte und so weiter anbieten. Ich habe mich nie getraut, das jemandem zu erzählen, weil es wahrscheinlich Quatsch ist …«

»Wieso denkst du, dass es Quatsch ist? Wenn es dein Traum ist, musst du es unbedingt machen«, sagt die MACHERIN.

»Ja, das sehe ich genauso«, bekräftigt die VISIONÄRIN. »Ich kann mir das auch schon richtig gut vorstellen! Das wird ein ganz süßes Café mit tollen Möbeln und schönem Geschirr – und du wirst den besten Kaffee der Stadt kochen!«

»Komm, wir helfen dir«, erklärt die STRATEGIN. »Ich kann dir einen Businessplan schreiben und wenn der gut ist, kriegen wir auch ganz easy eine Finanzierung.«

»Ich glaube, ich weiß, welche Immobilie du meinst. Die wollen mit Sicherheit viele haben. Wir müssen da anders vorgehen – ich kenne den Vermieter! Ich kann den jederzeit anrufen und ein gutes Wort für dich einlegen«, verspricht die NETZWERKERIN.

Die EMPATHIN hat ganz rote Wangen bekommen. Sie glüht vor Aufregung und Glück – weil ihr Traum vielleicht Realität werden kann und weil sie so tolle Frauen an ihrer Seite hat, von denen sie weiß, dass sie immer für sie da sein werden. Und sie weiß jetzt auch, dass sie selbst sich nicht immer für andere aufopfern sollte, sondern auch ihre eigenen Bedürfnisse wichtig und ernst nehmen muss und darf!

Das ist der life-changing moment der EMPATHIN!

Die VISIONÄRIN betont noch einmal, dass das jede für sich allein nicht so gut geschafft hätte: »Was ich auch so schön finde, ist, dass wir uns hier gegenseitig so viel geben konnten. Das ist nämlich genau das, was wir im Alltag oft nicht haben: Da stehen wir meist alleine da und haben nicht vier Powerfrauen an der Seite, die uns mit ihren Stärken unterstützen können. Da kommen wir nur schwer aus unserem Hamsterrad raus. Aber das muss zu Hause doch auch irgendwie möglich sein?«
Alle fünf Frauen gehen noch mal in sich und überlegen, welche andere Soulwoman mit ihren individuellen Kräften ihnen bei ihrem life-changing moment am meisten geholfen hat. »Lasst uns die Stärken der anderen übernehmen und in schwierigen Situationen darauf zurückgreifen. Für mich seid ihr alle ab jetzt gefühlt immer dabei, wenn ich etwas entscheiden muss oder Hilfe brauche«, sagt die Strategin und fügt sichtlich stolz an: »Was für ein guter Plan!« Alle nicken ihr lächelnd zu.

SECHS MONATE SPÄTER

Die EMPATHIN hat das Café tatsächlich eröffnet. Es ging alles ganz fix: Die NETZWERKERIN kannte wirklich den Vermieter und gleich noch ein paar tolle Leute, die Gastro-Erfahrung haben und neue Jobs als Aushilfen suchten. Der Businessplan und die Gespräche mit der Bank waren dank der STRATEGIN kein Problem, die VISIONÄRIN hat mit Moodboards beim Einrichten geholfen und Tipps für tolle Kuchenrezepte gegeben, und die MACHERIN war immer zur Stelle, wenn es galt, mit anzupacken.
Jetzt sitzen sie alle an einem schönen Frühlingstag auf der Terrasse des Cafés »Himmelspforte« und stoßen mit einem Glas Crémant

an. Auf die EMPATHIN und ihr Café, aber auch auf sie alle. Denn sie haben wirklich viel geschafft, jede Einzelne von ihnen. Sie haben ihre Superkräfte entdeckt. Sie haben erkannt, welche Schwächen sie haben. Und sich erlaubt, diese auch auszuleben. Sie haben sich die Erlaubnis gegeben, sie selbst zu sein – und alle fünf sind sehr froh darüber. Sie fühlen sich erleichtert, vollständiger, zufriedener. Sie wissen jetzt, wie wichtig es ist, über die Gefühle, die man hat, zu sprechen und sich anderen mit seinen Herausforderungen zu offenbaren. Sie wissen, dass sie all die Rollen, die sie meinten, spielen zu müssen, getrost ablegen können, ohne weniger geliebt zu werden oder als schwach zu gelten. Und letztendlich wissen sie auch, dass man erst sich selbst richtig kennenlernen muss, um sein ganz eigenes Glück zu finden.

DEINE REISE
ZU DIR SELBST

ERKENNE DICH SELBST ALS SOULWOMAN

Jetzt hast du ganz viel von den fünf Frauen erfahren und sie bereits mit ihren Stärken und Schwächen kennengelernt. Sicherlich hast du schon eine Vermutung oder sogar eine klare Tendenz, welche dieser fünf Soulwomen du selbst bist. Absolute Klarheit erlangst du über einen Test auf meiner Homepage. Dort kannst du ganz einfach und schnell, kostenlos und unverbindlich berechnen, als welche Soulwoman du auf die Welt gekommen bist. Alles, was du brauchst, ist dein Geburtsdatum sowie den Ort und die genaue Uhrzeit deiner Geburt.

ERMITTLE DEINEN URTYP

Die Bestimmung des sogenannten Urtyps baut auf dem großartigen Konzept von Human Design auf (siehe Seite 25 f.). Human Design zeigt uns, wie wir inkarniert wurden und welche Kräfte wir zum Zeitpunkt unserer Geburt ins Leben mitgebracht haben. Wir alle entwickeln uns aber im Laufe unseres Lebens weiter – wir dürfen und müssen das sogar tun.
Den Test findest du über den folgenden QR-Code oder Link:

https://sarahsophiekoch.de/

Das Ergebnis zeigt deinen Soulwoman-Urtyp. Vielleicht hast du jetzt die Bestätigung bekommen, dass er dem Typ entspricht, dem du dich auch bei der Beschreibung der Soulwomen und in der Geschichte von der Tour auf den Schafberg verbunden gefühlt hast. Oder ganz im Gegenteil: Das Ergebnis ist ein völlig anderes und du bist erst mal ratlos, wie das zusammenpassen kann. Nichts ist richtig oder falsch! Erst mal kann ich dich beruhigen: Ganz viele Menschen leben nicht ihren Urtyp. Das habe ich auch in der Arbeit mit meinen Frauen sehr schnell bemerkt. Und aus pädagogischer und psychologischer Sicht ist es auch nicht verwunderlich, weil wir im Laufe unseres Lebens Krisen und kritische Lebensereignisse durchlaufen: Um diese zu bewältigen, müssen wir uns neue Strategien aneignen. Solch ein Ereignis kann zum Beispiel die Scheidung der Eltern sein, genau wie ein schwerer Unfall, eine lange Krankheit oder der Verlust einer nahestehenden Person. Aber auch ganz normale Übergänge im Leben verändern uns, wie der Eintritt in die Schule, eine Heirat oder die Geburt eines Kindes. All das kann uns abverlangen, dass wir einen anderen Soulwoman-Typ leben. Ganz wichtig ist dabei auch der Einfluss der Eltern: Wird die VISIONÄRIN zum Beispiel immer in ihren Ideen und Visionen unterdrückt und von ihren Eltern zurückgehalten, so eignet sie sich mit hoher Wahrscheinlichkeit einen anderen Soulwoman-Typ an, mit dem sie alles leichter bewältigen kann. Auch Mobbing oder Leistungsdruck können Einfluss darauf nehmen, ob wir einen anderen Typ annehmen und welcher das ist.

ERMITTLE DEINEN ISTTYP

Seit ich bei meinen Klientinnen erkannt habe, dass viele nicht mehr ihren Urtyp leben, differenziere ich zwischen dem »Soulwoman-Urtyp«, mit dem wir auf die Welt kommen, und dem »Soulwoman-Isttyp«, den wir momentan ausleben. Ich kann dir nur sagen: Bitte mach dich mit deinem Urtyp vertraut, auch wenn du gerade das Gefühl hast, dass du doch eigentlich eine ganz andere Soulwoman bist. Vielleicht willst du ab Seite 35 noch einmal nachlesen, welche Eigenschaften diese Soulwoman genau hat? Spür in dich hinein, wie sehr du ihre Qualitäten bereits integrierst, welche Aspekte vielleicht verschüttet sind und nach welchen du dich sehnst.

Damit du genau benennen kannst, welche Soulwoman du heute lebst, kannst du den folgenden Test machen. Kreuze alle Aussagen an, die zu dir passen. Vertrau dabei ganz deiner Intuition und sei aufrichtig dir selbst gegenüber: Wähle nur die Aussagen, die auf dich zutreffen, und nicht die, von denen du dir das wünschen würdest. Das ist auch gar nicht nötig, denn wirklich jeder Typ hat seine Stärken, und auch hier gibt es kein Richtig oder Falsch.
Zähle am Ende, wo du die meisten Kreuze gesetzt hast: In der Regel kristallisiert sich dabei schon ein Typ ganz klar heraus. Das ist dein Isttyp – also die Soulwoman, die du derzeit lebst.

VISIONÄRIN

- ▷ Du bist kreativ, schöpferisch und innovativ.
- ▷ Du hast häufig Visionen und Bilder von der Zukunft, bist eventuell hellsichtig.
- ▷ Dir fehlt aber das Umsetzungsvermögen.
- ▷ Du fühlst und lebst deine Emotionen sehr stark.
- ▷ Du fühlst dich oft missverstanden, anders und allein.

EMPATHIN

- ▷ Du bist emphatisch, verständnisvoll und harmoniebedürftig.
- ▷ Du spürst die Emotionen der anderen mehr als deine eigenen.
- ▷ Du verfällst gerne in (Tag-)Träumereien.
- ▷ Du weißt immer genau, wie es deinem Gegenüber gerade geht.
- ▷ Du bist eine sehr gute Freundin und sorgst gern für andere.

STRATEGIN	▷ Du bist fokussiert, konzentriert und strategisch. ▷ Du erkennst Potenzial, schmiedest einen Plan und setzt ihn um. ▷ Du neigst dazu, Dinge zu »zerdenken«. ▷ Du möchtest alles perfekt machen. ▷ Du verkomplizierst oft Dinge.
MACHERIN	▷ Du bist stark, intuitiv und direkt. ▷ Du bist ein Arbeitstier und dein Motto ist »einfach machen«! ▷ Du tust Dinge häufig schon, bevor du darüber nachdenkst. ▷ Du hast ein großes Durchhaltevermögen. ▷ Du übergehst dabei aber oft deine körperlichen Grenzen und riskierst totale Erschöpfung.
NETZ-WERKERIN	▷ Du bist gesellig, offen und kommunikativ. ▷ Vitamin B ist dein zweiter Vorname: Du pflegst ein großes Netzwerk und bringst für dein Leben gern Menschen zusammen. ▷ Du gibst gerne Ratschläge – gefragt oder ungefragt. ▷ Du kannst schlecht Nein sagen und willst es allen recht machen. ▷ Statt Dinge selbst zu probieren, holst du dir lieber Hilfe von anderen.

Auch für deinen Isttyp kannst du ab Seite 35 gern noch einmal nachlesen, was ihn alles ausmacht. Unseren Isttyp leben wir häufig unbewusst. Daher ist es umso spannender, sich mit ihm zu beschäftigen und ihn näher kennenzulernen. Welche Qualitäten deines Isttyps liegen dir, bei welchen von ihnen fällt es dir leicht, sie zu leben? Welche fühlen sich eher anstrengend und energieraubend an? Die Antworten auf diese Fragen können dir helfen, wieder stärker an deinen wahren Kern zu rücken und die Kräfte zu finden, die du für den Weg dahin brauchst.
Für mich war ein ganz wichtiger Aha-Moment, das Profil meines Urtyps, der VISIONÄRIN, kennenzulernen. Ich habe dadurch erkannt, dass es völlig normal ist, dass ich manchmal so groß und anders denke. Und dass es völlig okay ist, dass ich öfter Pausen brauche. Wenn ich sie mir erlaube, dann ist das keine Schwäche, sondern reine Selbstfürsorge. Ich habe das Bedürfnis nach Auszeiten lange Zeit abgewertet und als schwach angesehen. Jetzt kann ich es anerkennen als Merkmal meiner Natur. Das macht wirklich einen großen Unterschied: Es war für mich kein Versagen mehr, sondern das Natürlichste der Welt, dass ich mir einfach nur einen Tag freinehmen muss und mir genau das hilft, mir nahe zu sein und mich noch besser zu spüren. Ab dem Moment, in dem ich gesehen habe, dass ich eine VISIONÄRIN bin, habe ich mir auch erlaubt, eine VISIONÄRIN zu sein. Und das hat mir eine riesengroße Freiheit offenbart.
Ich wünsche dir sehr, dass du das auch so erleben kannst! Ich wünsche dir, dass du diesen Aha-Moment hast, dass du zum Beispiel erkennst, dass du eine MACHERIN bist und dass es für eine MACHERIN ganz normal ist, dass sie sich überarbeitet. Denn das kann dir die Chance eröffnen, einen Weg zu finden, wie du diese chronische Überanstrengung vermeidest. Und es wird dir so viel leichterfallen, auch mal auszuruhen, wenn du weißt, dass es für deine Soulwoman

wichtig ist! Wenn du entdeckst, dass du eine EMPATHIN bist, darfst du lernen, dich selbst wichtig zu nehmen und deine eigenen Gefühle stärker wahrzunehmen. Als NETZWERKERIN bist du viel mehr als dein Netzwerk und deine Beratungsangebote, du schaffst viel mehr allein, als du oftmals denkst. Als STRATEGIN kannst du Leichtigkeit in dein Leben holen, musst nicht alles zerdenken – und auch dir tun Pausen gut.

WARUM WIR UNSEREN URTYP NICHT MEHR LEBEN

Im Laufe vieler meiner Coachings mit Frauen habe ich immer wieder gesehen, wie kritische Lebensereignisse, die Erziehung durch unsere Eltern oder traumatische Erlebnisse uns komplett verändern. Unser soziales Umfeld prägt uns massiv. Daher ist es völlig normal, dass wir nicht oder nicht mehr den Archetyp leben, mit dem wir inkarniert sind. Die Energien, mit denen wir geboren werden, entsprechen unserer tiefen Natur. Aber auch unser Isttyp hat absolut seine Berechtigung. Wir sollten beide ausgleichen und ihre Stärken auf unser individuelles Profil anpassen, um authentisch und gut leben zu können.

Zudem sind die fünf Soulwomen absolut gleichwertig: Es gibt weder eine »Gewinnerin« mit den besten Eigenschaften noch eine »Verliererin«. Ganz im Gegenteil: Die fünf Soulwomen ergänzen einander. Und wir tragen Anteile von allen in uns. Bei der Bergreise sieht man es ganz deutlich: Alle fünf Frauen profitieren von den Stärken der jeweils anderen, können sich gegenseitig unterstützen und voneinander lernen. Die MACHERIN verleiht beispielsweise den anderen Frauen Stärke und darf dabei selbst lernen, dass immer nur vor sich hinzuschuften kein erfüllendes Lebensmodell ist. Die EMPATHIN darf von der VISIONÄRIN erfahren, wie sie eigene Ideen entwickelt – und die STRATEGIN zeigt ihr schließlich, wie sie diese umsetzen kann.

Mir ist in meiner Arbeit auch bewusst geworden, dass wir unsere Soulwoman im Laufe des Lebens immer wieder wechseln können. Oder besser: Dass wir sie unbewusst ändern – je nachdem, welche Prägungen wir erleben und welche Erfahrungen wir machen. Du kannst es dir so vorstellen: Die Soulwoman, als die du geboren wurdest, trägt die Werkzeuge in sich, die du fürs Leben mitbringst – deine ganz eigene Superpower. Doch es gibt Gründe dafür, dass du jetzt – sehr wahrscheinlich – auch noch eine andere Soulwoman lebst.

Das Leben hat dich zu dem Menschen gemacht, der du bist. Deshalb lebst du jetzt den entsprechenden Isttyp und solltest ihn auch nicht mit Gewalt verdrängen. Es gibt ja gute Gründe dafür, dass du diesen Isttyp lebst. Irgendetwas in deinem Leben hat dich hierhergebracht und das gilt es zu akzeptieren und zu integrieren.

Es kann sein, dass du ein Jahrzehnt lang oder auch nur für einige Wochen einen Typ annimmst. Deine Lebensumstände erfordern dann gerade diesen Typ, etwa wenn du gerade ein Kind geboren hast und dann eben mal nicht MACHERIN sein kannst, sondern viel stärker als EMPATHIN gefragt bist. Und dann wechselst du wieder in einen anderen Typ, weil der Fluss des Lebens dich dorthin bringt. So geht es immer weiter.

Ich selbst habe mich zum Beispiel im Laufe meines Lebens von der geborenen VISIONÄRIN zu einer NETZWERKERIN entwickelt. Das lag vor allem daran, dass mir als Kind häufig gesagt wurde, ich solle nicht so viel träumen, nicht so sensibel sein und eins nach dem anderen erledigen. Genau die typischen, schönen, liebenswerten Eigenschaften einer VISIONÄRIN wurden mir also ausgeredet.

Dafür kann und will ich niemandem einen Vorwurf machen, weder meinen Eltern noch der Schule oder meinem Freundeskreis. Denn es stimmt ja, die VISIONÄRIN ist nun mal nicht besonders praktisch veranlagt und bekommt deshalb wirklich häufig Dinge nicht so gut gebacken. Ihre großen Ideen wirken auf viele Menschen meist etwas versponnen und auch zu groß gedacht. Natürlich will man einem Kind die Chance geben, in der Welt gut zu bestehen, und viele glauben, dass man das nur übers Machen schafft: Kinder werden angehalten, fleißig zu sein, viel zu lernen und Ziele anzustreben. Im klassischen Schulsystem gibt es wenig Raum für eine VISIONÄRIN oder eine EMPATHIN, dort kommt eher die MACHERIN oder die STRATEGIN gut klar.

Ich selbst habe auf diese äußeren Umstände reagiert, indem ich die Energie der NETZWERKERIN angenommen habe, weil diese vermeintlich besser in die Gesellschaft passt. Das Problem dabei ist aber, dass wir diese Rollen dann nur annehmen, sie aber nicht unserer tiefen Natur entsprechen. Deshalb kosten sie uns Kraft. Und als VISIONÄRIN ziehe ich meine Kraft eigentlich daraus, dass ich anders denken und in visionären Welten leben kann. Wenn mir das gleichzeitig genommen wird – oder ich es mir auch nehmen lasse –, fehlt mir eine sehr wichtige Energiequelle.

Eine andere Soulwoman zu leben, während wir unsere eigene, natürliche Soulwoman unterdrücken, ist besonders schwer und wird auf Dauer dazu führen, dass wir uns nicht wohlfühlen. Das müssen wir uns bewusst machen und die Chance nutzen, die Typen auszugleichen – denn das ist möglich. Wir können bewusst unsere ureigenen Qualitäten anerkennen und fördern, während wir gleichzeitig unseren Isttyp integrieren.

Wie das funktioniert, erfahrt ihr in einem der folgenden Kapitel. Zuvor will ich aber noch beleuchten, wie dich die Erlaubnis verändern kann.

WAS DIE ERLAUBNIS AN DICH SELBST BEWIRKEN KANN

VISIONÄRIN, MACHERIN, NETZWERKERIN, STRATEGIN und EMPATHIN: Die fünf Soulwomen bilden eine Matrix, in der du dich immer wiederfinden kannst. Je tiefer du das Konzept verstehst, desto einfacher erkennst du, welchen Typ du gerade lebst, welche Energien du vielleicht wieder stärker in dein jetziges Sein integrieren kannst und möchtest und wo du etwas umstrukturieren oder anpassen darfst. Am Anfang dieses Weges darfst du dir die Frage stellen: »Wer bin ich eigentlich *wirklich*?«. Denn bevor du dir die Erlaubnis geben kannst, du selbst zu sein, musst du erst mal wissen, was das bedeutet. Ich selbst hätte lange Zeit behauptet, dass ich authentisch lebe. Aber erst als ich erkannt habe, dass meine Soulwoman die VISIONÄRIN ist, habe ich zu mir selbst gefunden. Erst da habe ich gespürt, dass ich loslassen und einfach ich selbst sein darf.

In der Familie, in Freundschaften oder im Beruf zeigen sich häufig sehr klar die individuellen Eigenschaften der fünf Soulwomen. Und ich finde es ganz wichtig, dass man sich dessen bewusst ist, weil es dann wieder umso leichter fällt, sich die Erlaubnis zu geben, seinem Typ entsprechend zu agieren.

Wenn die EMPATHIN beispielsweise weiß, dass sie gern viele und tiefe Freundschaften pflegt, sich aber in großen Runden weniger wohlfühlt, wird sie ihren Geburtstag sehr genießen, wenn sie ihn nur mit ausgewählten Gästen feiert. Wenn die STRATEGIN weiß, dass ihr Diversität in Freundesrunden Spaß macht, kann sie mal gezielt unterschiedliche Menschen zusammenbringen und wird einen tollen Abend haben. Die MACHERIN kann sich bewusst machen, dass sie auf ihr Bauchgefühl vertrauen kann. Die VISIONÄRIN kann darauf achten, dass ihr Beruf nicht nur ein Job ist, sondern ihr die Möglichkeit gibt, ihre Missionen zu erfüllen. Die NETZWERKERIN darf auf ihr Netzwerk und Wissen vertrauen, aber auch auf ihre ganz eigene Kraft.

Das Wissen über die eigene Soulwoman und deren Eigenschaften ermöglicht es dir auch, bestimmte Punkte bewusst zu steuern. Wenn du Dinge verändern willst, kannst du konkret mit den Eigenschaften und Möglichkeiten deiner individuellen Soulwomen arbeiten, dir zum Beispiel mehr Macherkraft von der MACHERIN nehmen, groß denken wie eine VISIONÄRIN oder in Beziehungen Liebe und Freundschaft verbinden wie die NETZWERKERIN.

In meinen Coachings begleite ich Frauen bei Veränderungsprozessen. Jede Soulwoman erlebt dabei eine ganz eigene Entwicklung und profitiert auf unterschiedliche Weise von diesem Weg. Die EMPATHIN zum Beispiel empfindet jede noch so kleine Veränderung als ganz groß. Denn wenn sie sich durch ein Coaching anders verhält, reagiert ihr Umfeld oft sehr direkt. Da heißt es: »Oh, du bist auf einmal so anders! Warum bist du jetzt so zickig?« Das Umfeld der EMPATHIN ist meist daran gewöhnt, dass sie stets auf ihr Mitgefühl und ihre positive Energie zurückgreifen können. Wenn das auf einmal nicht mehr so einfach funktioniert, sind sie irritiert. Dass die EMPATHIN eigene Bedürfnisse hat, hatten die anderen meist nicht auf dem Schirm.

So spürt die EMPATHIN, die sich auf die Reise macht, aber schnell, wie gut es ihr nun tut, stärker für sich einzustehen und nicht immer für alle verfügbar zu sein. Und wie gut es ihr tut, in sich selbst hineinzuspüren und die eigenen Emotionen wahrzunehmen. Außerdem interpretiert sie häufig die Wut oder Traurigkeit von anderen als eigene Gefühle. Wenn man ihr nun klarmacht, dass sie diese Emotionen nur von anderen übernimmt, ist das für sie oft sehr erlösend. Es gibt ihr emotionale Freiheit, die sie besonders dringend braucht.

Bei der MACHERIN habe ich es schon ein paarmal erlebt, dass ihr Körper es ihr extrem dankt, wenn sie sich selbst mehr spürt und ihr

Bedürfnis nach Ruhe wahrnimmt. Sie hat plötzlich keine Augenringe mehr, weil ihre Schlafstörungen verschwunden sind. Sie spürt, dass ihr viele Dinge wieder leichterfallen. Denn die MACHERIN empfindet ihre Arbeit durchaus als schwer, sehr schwer sogar: Als der Ackergaul, den sie darstellt und der kurz vor dem Kollabieren ist, pflügt sie weiter das Feld, auch wenn es ihr gar nicht gut dabei geht. Den positiven Effekt einer Pause spürt die MACHERIN schnell. Und sie merkt, dass sie auch dann, wenn sie Pausen einlegt und mal nicht das schwere Arbeitstier gibt, trotzdem Wertschätzung erfährt, gemocht und geliebt wird. Und das ist für eine MACHERIN das schönste Gefühl – wenn sie geliebt wird von den Menschen um sie herum, auch wenn sie mal nicht mit ihrer Arbeit glänzt. Sätze wie die folgenden sind unheimlich heilsam für sie: »Das ist doch nicht schlimm, dass du nicht alles geschafft hast. Und es ist doch sogar cool, dass du dich wichtig nimmst und auch mal an dich denkst. Du bist so oder so eine wahnsinnig tolle Frau!«

Für die VISIONÄRIN ist es wunderschön, wenn sie ihre Visionen einfach frei aussprechen und auch dahinterstehen darf. Für sie selbst ist toll, dass sie spürt, dass sie sich für ihre großen Ideen nicht schämen oder verstecken muss. Die Menschen um sie herum reagieren leider oft negativ und tun es als Spinnerei ab, weil es sie verunsichert. Aber wenn du dir als VISIONÄRIN die Erlaubnis gibst, groß zu denken, dann hast du auch eine andere Ausstrahlung. Dann kannst du Zweifler eher mit Humor nehmen und entwaffnest sie damit ganz automatisch. Eine VISIONÄRIN, die lacht und sagt: »Ja, da habe ich wirklich schon wieder etwas groß gesponnen, aber ganz ehrlich: Go big or don't go at all!« macht Eindruck und wird ernst genommen. Oder du kannst selbstbewusst sagen: »Ich bin nicht anstrengend. Ich bin interessant.« Damit stehst du für dich ein.

Auch die VISIONÄRIN darf lernen, dass Pausen für sie wichtig sind. Im Gegensatz zur MACHERIN hat sie sich diese in der Regel schon immer erlaubt. Aber sie hat sich dabei schlecht gefühlt. Wenn sie erkennt, dass sie Pausen braucht und dadurch leistungsfähiger ist, gibt ihr das ein ganz anderes Selbstbewusstsein. Dass sie weiß, dass sie nicht immer funktionieren muss, kann ihr Leben grundlegend verändern. Denn funktionieren, das kann eine VISIONÄRIN – im Gegensatz zur STRATEGIN und zur MACHERIN – so rein gar nicht.

Bei den STRATEGINNEN, die ich begleite, erlebe ich immer wieder eine positive Veränderung, wenn sie mal aus dem starren Denkmodus herauskommen, in dem sie oft festhängen. Sie sagen dann: »Das ist ja alles total leicht!« Oder: »Das fühlt sich so gut an!« Sie spüren eine neue Freiheit. Eine STRATEGIN, die sich die Erlaubnis gegeben hat, sie selbst zu sein, erlebt wirklich eine neue Leichtigkeit. Und sie fühlt sich oftmals auch viel weiblicher, kann ihre sanften und genießerischen Anteile stärker spüren.

Die NETZWERKERIN kann sehr überrascht sein, dass sie vieles ganz allein hinbekommt und gar nicht auf so viel Hilfe angewiesen ist, wie sie vorher lange dachte. Sie realisiert, wie viel eigene Kraft sie hat. Das gibt ihr Unabhängigkeit. Positiv für die NETZWERKERIN ist auch, wenn sie realisiert, dass sie nicht immer allen weiterhelfen und gefallen muss. Wer sein Netzwerk aufrechterhalten will, geht oftmals Kompromisse ein, macht Deals auch mal zulasten der eigenen Kräfte. Wenn sich die NETZWERKERIN davon unabhängig macht, spürt sie: »Ich muss nicht immer allen genügen und helfen, sondern so, wie ich bin, bin ich genug.« Das ist für die NETZWERKERIN wirklich ein wichtiger Satz: »Ich bin gut so, wie ich bin, und ich allein bin genug.« Und für sie ist ein wichtiger Moment, wenn sie sieht, dass ein Nein von ihr keinen großen Schaden anrichtet: Davon bricht kein Netzwerk zusammen, niemand ist verloren – und oftmals hat das Gegenüber sogar Verständnis dafür.

Bei allen Frauen, die ich im Coaching begleite, fällt mir auf, dass sie sich in diesem Prozess auch optisch verändern. Ihre Gesichtszüge werden sichtbar weicher, weil die Anspannung von ihnen abfällt. Und weil sie sich selbst nicht mehr minimieren. Viele haben anfangs noch negative Glaubenssätze in sich, mit denen sie sich immer ausbremsen und kleinmachen. Und diese Glaubenssätze kann man meiner Meinung nach auch nur schwer ausradieren, weil nämlich ein kompletter Frauentyp dahintersteht. Eine NETZWERKERIN glaubt, dass sie nicht gut genug ist: Es entspricht eben ihrer Soulwoman, dass sie denkt, sie muss immer noch mehr leisten. Wenn sie sich nun sagt: »Ich bin genug!«, wird das wenig Wirkung haben, denn die Ursache für das Gefühl steckt ja noch in ihrem Kern.

Durch die Beschäftigung mit den Soulwomen verschwinden die Glaubenssätze oftmals nicht völlig, aber sie werden von Grund auf bearbeitet und verändert. Die Frauen spüren plötzlich ihre Stärken besser und identifizieren sich stärker mit den Qualitäten ihrer Soulwomen. Und das sieht man ihnen förmlich an.

Alle Frauen, die sich auf den Weg zu sich selbst machen, erleben auch Veränderungen der Beziehungen in ihrem Umfeld. Viele von ihnen erzählen im Freundes- und Bekanntenkreis gar nicht groß, dass sie mit mir arbeiten oder dass sie sich verändern möchten. Doch sie werden meist nach einer gewissen Zeit von selbst darauf angesprochen: »Irgendwas an dir ist anders. Was hast du gemacht?« Oder: »Du bist so viel entspannter und fröhlicher geworden!« Das soziale Umfeld nimmt die Veränderung also wahr, auch wenn es oftmals nicht ausmachen kann, woher sie kommt oder was genau sie ausmacht. Von den Klientinnen, die Kinder haben, höre ich oft, dass ihre Kinder sie als entspannter wahrnehmen und die Kinder selbst ebenfalls entspannter werden.

Auch Partnerschaften erleben mehr Gelassenheit. Das kann unter anderem daran liegen, dass wir oftmals unsere Bedürfnisse auf unsere Partner projizieren, statt uns selbst um unser Glück zu kümmern. Wenn es dich zum Beispiel aufregt, dass deine Partnerin oder dein Partner ständig unterwegs ist, hilft es dir vielleicht, wenn du selbst schaust, wie es um dein Bedürfnis nach Freiheit und Ausbrechen bestellt ist. Und es ist auch wichtig, die eigenen Bedürfnisse dem Partner oder der Partnerin gegenüber klar zu kommunizieren: Wenn du sagst, dass du dir mehr Aufmerksamkeit von ihm oder ihr wünschst, gibt das euch beiden die Chance, eine Lösung dafür zu finden. Dafür ist es wirklich essenziell wichtig, dass du deine Bedürfnisse kennst und ernst nimmst.

Womit man bei jeder Veränderung rechnen muss, ist, dass die Menschen um einen herum erst mal irritiert reagieren. In der Regel gewöhnen sie sich aber schnell daran. Und wenn nicht, dann ist das auch ein Zeichen! Und so kommt es, dass ein Nein der MACHERIN zwar anfangs vielleicht noch etwas unbequem ist – weil man das so von ihr ja null gewohnt ist –, dann aber schnell zur Normalität wird und ein Ja auf einmal wieder Dankbarkeit hervorruft. Vor allem wenn die MACHERIN selbstbewusst dafür einsteht, dass ein Nein zu den anderen ein Ja für sie selbst bedeutet.

Die Stärken, die alle fünf Soulwomen haben, wirken für sie selbst übrigens völlig selbstverständlich. Die NETZWERKERIN glaubt, dass ihre Ratschläge doch auf der Hand liegen und jeder sie genauso geben könnte. Einer EMPATHIN erscheint es völlig normal, immer zu verstehen, wie es den anderen geht. Für eine VISIONÄRIN ist es nichts Besonderes, brillante Ideen zu haben. Eine MACHERIN gibt Gas, das ist für sie keine große Sache. Und der STRATEGIN fällt es so leicht, Pläne zu entwerfen, dass sie denkt, das sei doch »kein Hexenwerk«. Aber es sind alles außergewöhnliche Stärken. Und du darfst deinen eigenen ab jetzt auch besonders viel Anerkennung schenken. Denn du wirst in der Arbeit mit den fünf Frauen realisieren, was du für tolle Gaben mit auf den Weg bekommen hast. Auch wird es dir weniger schwerfallen, die Kehrseite der Medaille zu betrachten: Dann ist es kein Problem mehr, wenn die VISIONÄRIN

Pausen braucht oder die NETZWERKERIN darauf achten muss, ihre Ratschläge nicht ungefragt zu verteilen. Du wirst beginnen, beides an dir zu lieben. Ich freue mich jetzt schon so sehr für dich!

WIE DU MIT DEINEM AUSGLEICHSTYP IN BALANCE KOMMST

Es gibt einen einfachen Weg, deinen Urtyp und deinen Isttyp kompatibel zu machen: mit einem Ausgleichstyp. Gemeinsam bilden sie ein Dreieck, das dich in Harmonie bringen kann. Das Dreieck symbolisiert als geometrische Form eine Einheit. Sie besteht aus drei individuellen, aber dennoch zusammenhängenden Polen. Die drei Seiten gelten als gleichwertig, weshalb auch die Linien des Dreiecks meist gleich lang dargestellt werden. Im Christentum stehen die drei Seiten beispielsweise für die Heilige Dreifaltigkeit, in anderen spirituellen Kontexten symbolisiert das Dreieck unter anderem die Verbindung von Körper, Geist und Seele. Auch für Himmel, Erde und Mensch kann die geometrische Form stehen.

Das Dreieck kann als geometrische Form die Kräfte einer Frau sehr gut abbilden. Die Dreieckstheorie ist eine oft gebrauchte Form in der Psychologie: Viele Dinge und Themen kommen erst dann ins Gleichgewicht, wenn nicht zwei Pole in Konkurrenz zueinander stehen, sondern ein dritter Pol den Ausgleich schafft. So steht das Dreieck bei mir auch für das Ziel, nämlich die Erlaubnis an uns selbst, wir selbst zu sein, und zwar mit dem, was uns von Geburt an gegeben wurde, und dem, was Ereignisse und Erziehung aus uns gemacht haben, sowie dem, was wir als Ausgleich noch für uns brauchen, um in unsere ganz eigene, volle Kraft zu kommen. Wenn wir uns das erlauben können, dann leben wir in Balance: Wir leben sowohl unseren Urtyp als auch den Isttyp und harmonisieren beides mit einem Ausgleichstyp. Damit nehme ich bewusst von einer anderen Soulwoman Verhaltensweisen an, die mir gerade helfen können. Der Ausgleichstyp MACHERIN würde zum Beispiel bedeuten, dass ich im Alltag bewusst mehr ins Tun gehe und versuche, weniger zu grübeln.

Das Dreieck spiegelt auch die Diversität wider, die wir als Frau und Mensch ganz natürlicherweise in uns tragen. Diese Vielfalt ist wichtig: Wir brauchen sie, weil es ganz natürlich ist, dass wir in verschiedenen Rollen stecken, und weil dort jeweils unterschiedliche Qualitäten gefragt sind. So brauche ich als Mutter beispielsweise andere Stärken als in der Rolle der Geschäftsfrau oder der Liebenden. Ich zeige dir jetzt, wie du das Soulwoman-Dreieck für dich definieren und in dein Leben integrieren kannst.

In deinem persönlichen Soulwoman-Dreieck stehen dein Urtyp und dein Isttyp in jeweils einer Ecke – und in der dritten kannst du einen zusätzlichen Typ integrieren, mit dem du dir den Ausgleich in dein Leben holst. Dein Ausgleichstyp ist also eine Soulwoman, welche deine weiteren beiden Typen in Balance bringt. Da mein persönlicher Urtyp die VISIONÄRIN ist, mein Isttyp aber die NETZWERKERIN, hilft es mir oft sehr, noch die MACHERIN als Ausgleichstyp mit in mein Dreieck einzuladen, damit die Kräfte dieser drei Typen sich optimal gegenseitig ergänzen und unterstützen können. Wenn wir beispielsweise, wie ich selbst, als VISIONÄRIN auf die Welt kommen, können wir etwa durch den Einfluss von Eltern und Erziehung zu einer NETZWERKERIN werden. Die Erziehung hat uns geprägt, wir haben durch sie gelernt, die Netzwerkkraft auszuüben, sprich: uns immer Hilfe zu holen, auch wenn uns häufig die ureigene Energie dazu fehlt. Da uns aber die Energie der NETZWERKERIN nicht von Natur aus gegeben ist, kann das leider schnell zur Erschöpfung oder zum Misserfolg führen.

Die wahre Urkraft der VISIONÄRIN ist ihre visionäre Denkkraft. Zu denken und Visionen zu sehen, also Bilder von morgen vor Augen zu haben, gibt ihr sehr viel Energie. Um das und die NETZWERKERIN auszugleichen, kann ihr die MACHERIN helfen: Denn mit ihrer starken Kraft, einfach anzupacken und Dinge ins Rollen zu bringen, hat sie genau das im Gepäck, was den beiden anderen Soulwomen fehlt – die praktische Fähigkeit, einfach loszulegen.

Nur wenn ihr individuelles Soulwomen-Dreieck ausgeglichen ist, kann eine Frau auch ihr volles Potenzial leben. Nur dann löst sich das Gefühl, »mit angezogener Handbremse« zu leben. Denn dass uns unser Urtyp fehlt, merken wir in der Regel genau daran: dass wir uns ausgebremst fühlen. Dass wir unzufrieden sind. Dass wir etwas vermissen, aber vielleicht nicht konkret benennen können, was es ist. Vielleicht spüren wir auch den Drang zu einer Veränderung oder das unbändige Bedürfnis, uns auf die Suche nach unserem echten Sein machen zu müssen – aber wir bringen nicht die nötige Energie dafür auf, weil diese schon von unserem Alltag verbraucht wird.

ERMITTLE DEINEN AUSGLEICHSTYP

Jede Soulwoman bringt von Natur aus starke Energien mit: Bei der VISIONÄRIN ist es eine außergewöhnliche mentale Kraft, die ihr ihre visionären Ideen beschert. Die immense Tatkraft der

MACHERIN ist für ihr Umfeld spürbar: Eine MACHERIN packt an, steckt voller Energie. Die EMPATHIN kann sehr viel Mitgefühl geben. Um das auszugleichen, muss sie aber auch Kraft von anderen empfangen.
Für mich symbolisieren die Himmelskräfte Sonne, Mond und Sterne diese Energien sehr gut. Deshalb habe ich jeder Soulwoman mithilfe dieser Symbole die für sie jeweils typischen Energien zugeordnet. Sonne, Mond und Sterne können dir nun helfen, deinen Ausgleichstyp zu ermitteln, weil du mit ihrer Hilfe erkennst, welche Energien du gerade brauchst. Es gilt weiterhin: Auch hier ist keine Energie besser oder schlechter als die andere. Sie sind einfach unterschiedlich!

Die Mondkraft steht für die mentale & visionäre Fähigkeit. Eine meist eher unsichtbare Kraft.

Die Sonnenkraft steht für die Fähigkeit, Ding sofort ins Praktische umzusetzen. Eine starke, sichtbare Kraft.

Die Sternenkraft steht für die Fähigkeit, sich die Kraft über andere zu holen. Eine externe Kraft.

Die Sonne steht für Tatkraft: Sie ist eine starke, sichtbare Kraft und symbolisiert die Fähigkeit, Dinge praktisch umzusetzen.

Die Sonne strahlt eine enorme Wärme aus: Ihre Kraft ist so groß, dass wir sie spüren. Dieser gleißende Stern liegt etwa 150 Millionen Kilometer von der Erde entfernt, und über diese Distanz hinweg schafft es seine Energie, hier Leben zu ermöglichen – eine unglaubliche Leistung! Und so ist es auch bei der MACHERIN: Man fühlt in ihrer Gegenwart förmlich, wie viel Energie sie mitbringt. Die MACHERIN hat doppelte Sonnenkraft: Sie hat die Fähigkeit, Dinge schnell umzusetzen. Und man sieht deutlich, was sie alles schafft. Die STRATEGIN hat ebenfalls Sonnenkraft: Sie erschafft die Pläne und Strategien, mit denen Ideen verwirklicht werden. Die STRATEGIN hat aber auch Mondenergie.

Der Mond steht für mentale Kraft: für die Fähigkeit, sich Dinge sehr konkret vorstellen zu können, Verbindungen zu sehen oder Lösungen zu finden.

Wir sehen den Mond nachts am Himmel stehen und er wirkt dort eher kühl, distanziert. Aber im Hintergrund beweist er ebenfalls immense Stärke: Er beeinflusst unter anderem die Gezeiten und den Zyklus der Frau. Außerdem spüren wir, wie er uns »den Kopf verdreht«, wenn er als voller Kreis zu sehen ist: In Vollmondnächten träumen wir häufig besonders intensiv. Die VISIONÄRIN hat doppelte Mondenergie: Die Visionen, die sie entwickelt, zeugen von einer starken mentalen Power. Die VISIONÄRIN kann in ihrem Kopf großartige Bilder erschaffen. Sie kann damit Zukunft kreieren, denn sie zeichnet mit ihren Ideen Szenarien für zukünftige Entwicklungen auf. Und wenn es ihr gelingt, diese Bilder für andere Menschen sichtbar zu machen, können diese Realität werden.

Die STRATEGIN und die NETZWERKERIN haben ebenfalls Mondkraft: Die STRATEGIN versteht die Bilder und Ideen der VISIONÄRIN, weil sie ebenfalls eine gute Vorstellungskraft hat.
Die NETZWERKERIN hat ebenfalls Mondenergie: Sie kann sich im Kopf sehr gut ausmalen, welche Menschen gut zueinanderpassen oder was ihnen bei Problemen weiterhelfen kann.

Die Sterne stehen für emotionale Kraft: für das Fühlen – das Spüren von eigenen Emotionen und denen anderer Menschen.

Sterne sind leuchtende Gaskugeln, die vor Hitze so stark glühen, dass wir sie noch von der Erde als leuchtende Punkte wahrnehmen können. Sie entstehen aus Gaswolken: Die Gasteilchen in diesen Wolken ziehen sich durch die Schwerkraft immer stärker gegenseitig an. Dadurch verdichtet sich die Wolke mit der Zeit zu einer massiven Kugel. Sterne haben in sich also enorme Kräfte und symbolisieren auch eine starke Verbindung zu sich selbst.
Die EMPATHIN ist nahezu reines Gefühl und damit Sternenkraft pur: Sie kann die Emotionen anderer Personen sehr gut erkennen, nachvollziehen und auch selbst nachspüren. Sie fühlt mit anderen mit und kann darüber auch anderen Menschen deren Gefühle bestätigen – eine wichtige Qualität für menschlichen Zusammenhalt.
Auch die NETZWERKERIN hat empathische Sternenkraft inne: Sie ist sehr gut in der Lage, andere Menschen zu lesen, ihre Motivation zu verstehen und auf sie einzugehen. Sonst wäre sie nicht so überzeugend und würde förmlich spielend erreichen, dass andere sich mit ihr vernetzen und ihr gerne einen Gefallen tun. Die NETZWERKERIN spürt nach, warum sich andere wie verhalten, welche Fähigkeiten sie mitbringen – und wie das zu den Menschen in ihrem Netzwerk passen könnte.

ERKENNE EINEN SCHEINTYP

Ich muss noch einmal betonen, dass jede Soulwoman Stärken und Schwächen hat und keine besser ist als die andere. Daher macht es auch keinen Sinn, sich eine Soulwoman aneignen zu wollen, die gar nicht zum eigenen Typ passt oder keinen Ausgleich bieten kann. Es gibt aber tatsächlich ganz viele Frauen, die sich quasi zum Schein einen Typ aneignen und als Pseudotyp agieren. Dies kann ganz bewusst oder auch unbewusst passieren. Ich kann es aber in keinster Weise empfehlen, denn es kostet vor allem Energie! Zudem macht es unzufrieden, weil es uns von uns selbst entfremdet. Ich verstehe natürlich die Versuchung, es trotzdem zu tun, mehr als gut. Nehmen wir zum Beispiel die Pseudo-NETZWERKERIN: Wir alle haben uns sicher schon mal als NETZWERKERIN ausgegeben. Zum einen, um vorschnell unsere Meinung kundtun zu können, und zum anderen, wenn wir ein bisschen angeben wollen. Dann behaupten wir zum Beispiel, dass wir eine bestimmte Person kennen, auch wenn wir ihr nur flüchtig auf einer Party begegnet sind. Eine Pseudo-NETZWERKERIN erkennt man dann aber auch schnell, weil die vermeintlich guten Kontakte doch nicht greifbar oder vertraut sind und die Ratschläge auf bloßer Eigenerfahrung beruhen. Ganz ehrlich: Eine NETZWERKERIN zu sein, ist mit viel Aufwand verbunden. Den sind nicht alle Menschen bereit zu leisten.

Viele verkaufen sich auch als MACHERINNEN, weil es in unserer Gesellschaft als so attraktiv gilt, wenn man viel schafft. Gerne hört man dann: »Sorry, ich bin so busy – geht gerade gar nicht!« Diesen Satz würdest du aber nie von einer echten MACHERIN hören. Die EMPATHIN gibt sich gerne mal als VISIONÄRIN aus und verkauft die Ideen und Visionen ihrer VISIONÄRIN-Freundin als ihre eigenen. Das tut sie ebenfalls in der Regel ganz unbewusst, weil sie so sehr in der Welt ihres Gegenübers verhaftet ist, dass sie selbst vielleicht schon denkt, dass das auch ihre Ideen und Visionen sind. Aber auch die Pseudo-VISIONÄRIN erkennt man schnell daran, dass ihre Ideen keine Tiefe und keine großen Momente haben. Am beliebtesten ist mit Abstand die Pseudo-EMPATHIN. Wie viele ich davon jeden Tag erlebe! Sie gibt vor, dass sie total einfühlsam sei und ganz und gar immer weiß, was der andere braucht oder denkt. Das gelingt ihr auch bedingt. Aber der große Unterschied zur wahren EMPATHIN ist: Wenn es gegen sie selbst geht oder ihr einen Nachteil bereitet, wird aus der Pseudo-EMPATHIN schnell wieder der echte Typ und das selbstlose Verhalten ist dahin. Der Selbstschutz rückt in den Vordergrund und das Ego kümmert sich wieder zuerst um sich selbst. Eher selten habe ich bisher die Pseudo-STRATEGIN erlebt, was wohl daran liegen mag, dass das schnelle und kompetente Erstellen von Plänen und Strukturen nicht vorgetäuscht werden kann beziehungsweise schon im Prozess selbst auffliegt.

Wenn ich von den Pseudotypen erzähle, soll das bitte nicht dazu anregen, bei anderen Menschen danach zu fahnden und Selbstjustiz walten zu lassen. Bedenke: Es geht einzig und allein um dich selbst! Du kannst mit diesem Wissen in dich gehen und reflektieren, ob nicht auch du ab und an in einen Pseudotyp verfällst. Ich zum Beispiel ertappe mich manchmal dabei, dass ich eine Pseudo-NETZWERKERIN bin. Dann versuche ich, Menschen miteinander zu verbinden, die leider so rein gar nicht zusammenpassen, oder Kontakte herzustellen, weil ich dadurch angesehener sein möchte. Meine Freundin Sofia hat mir vor einiger Zeit nach dem dritten, völlig gescheiterten Verkupplungsversuch den Rat gegeben, dass ich meine Partnervermittlung »wegen mangelnden Erfolgs« bitte einstellen soll. Ich musste sehr darüber lachen, denn sie hatte leider völlig recht.

Es geht also gar nicht in erster Linie darum, mein Gegenüber zu enttarnen, sondern zuerst mal bei mir selbst zu schauen. Im zweiten

Schritt kann es trotzdem hilfreich sein, einen Pseudotyp auch bei meinem Gegenüber zu erkennen. Nicht, um ihn bloßzustellen, sondern um sein vielleicht komisches oder sogar verletzendes Verhalten besser verstehen zu können. Eine Freundin zum Beispiel, die einem immer die eigenen Ideen klaut, kann man besser tolerieren, wenn man weiß, dass Pseudo-EMPATHINNEN das eben brauchen – dass sie die Energie von anderen leben und bei ihr ein Nachahmen oder Nachleben nicht boshaft gemeint ist, sondern dass es in ihrer Natur liegt.
So vieles in uns kann entweder erlaubt oder verändert werden, wenn wir nur das Wissen darüber und Erklärungen dafür haben. Ich hoffe, dass ich dir mit meinem Buch ein ganz großes Stück Erlaubnis wiedergeben kann und das Verständnis dafür, dass du so, wie du bist, mit all deinen Stärken und auch Schwächen, ganz wundervoll bist.

URTYP, ISTTYP UND AUSGLEICHSTYP – EIN BEISPIEL

Annas Urtyp ist die STRATEGIN. Als erfolgreiche Bauunternehmerin mit eigener Firma lebt sie jedoch immer stärker die MACHERIN. Das tut ihr auf Dauer nicht gut: Ihre Zeitpläne überfordern sie oft, sie arbeitet von früh bis spät und rennt nur noch von Termin zu Termin. Sie findet kaum mehr Zeit zum Nachdenken, Überdenken und Plänemachen. Annas Isttyp ist also die MACHERIN. Da sie aber nicht von Natur aus über die starke Machkraft der MACHERIN verfügt, ist sie ausgebrannt und überarbeitet. Für Anna fühlt sich gerade alles viel zu schwer an, sie ist sehr erschöpft. Im Coaching mit mir bittet sie mich um Unterstützung und erzählt mir, dass sie ihren alten Tatendrang zurückgewinnen, wieder Pläne schmieden und Szenarien für ihre Zukunft entwickeln will.

Was eine Frau gerade braucht, hängt unter anderem von der jeweiligen Situation und ihrem Empfinden ab. Als geborene STRATEGIN hat Anna von Natur aus Sonne/Mond-Energie. Als die MACHERIN mit Sonne/Sonne-Energie, die sie heute lebt, fehlt ihr aber die Kraft des Mondes – die kann sie über die Ausgleichsenergie der VISIONÄRIN mit deren Mond/Mond-Energie wieder integrieren. Die NETZWERKERIN bringt ebenfalls Mondenergie mit, aber nicht so viel wie die VISIONÄRIN. Und die Sternenkraft der NETZWERKERIN, die dafür steht, sich von anderen Soulwomen Energie zu holen, würde Anna in ihrer jetzigen Situation weniger helfen. Sie fühlt sich ausgebrannt und überarbeitet und braucht daher vielmehr mentale Stärkung, also Mondenergie. Würde sie sich eher unverstanden und mit ihren Aufgaben alleingelassen fühlen, würde ihr eine der Sternenenergien helfen – die NETZWERKERIN oder die EMPATHIN. Denn diese bringen Energie von außen mit, stehen für Kommunikation und Verbindung.
Anna bat mich, zusätzlich an der Schwere, die sie derzeit spürt, und an ihrer Erschöpfung zu arbeiten. Da sind es manchmal die kleinen Dinge – kleine Impulse, die wir gerade brauchen, die aber eine ganz große Wirkung erzeugen. Impulse, die dir bei der Lösung schwieriger, ganz neuer oder unvorhergesehener Probleme so sehr helfen können. Ich habe dafür Impulsfrauen entwickelt, die jeweils zwei Impulsstärken haben. Der Effekt ist oftmals überraschend: Wenn wir sie anwenden, rufen sie ein Verhalten in uns hervor, das sonst eigentlich so gar nicht unseres ist. In der lösungsorientierten Kurztherapie nach Steve de Shazer, nach der ich ausgebildet bin, ist dies ein hoch effektiver Therapieansatz. Dort heißt es: Tu das, was man gerade nicht von dir erwartet. Das bedeutet, dass man seine Gewohnheiten durchbrechen soll. Denn ein anderes Verhalten kann die Lösung eines Problems bewirken. Schließlich ist das Problem mit der gewohnten Vorgehensweise entstanden und es ist unwahrschein-

lich, dass es damit auch wieder gelöst werden kann. In Krisen oder auch Stresssituationen geraten wir häufig wieder in unsere gewohnte Abwärtsspirale und erschweren uns dadurch fast immer das Leben. Eine effektive Möglichkeit, aus dieser Spirale auszusteigen, sind die Impulsfrauen, die uns zu einem ganz anderen Verhalten oder einer anderen Sichtweise verhelfen, womit wir uns dann selbst überraschen. Anna hat intuitiv die folgenden zwei Impulsfrauen für ihre Themen gezogen: Die SONNENGÖTTIN und die TÄNZERIN.

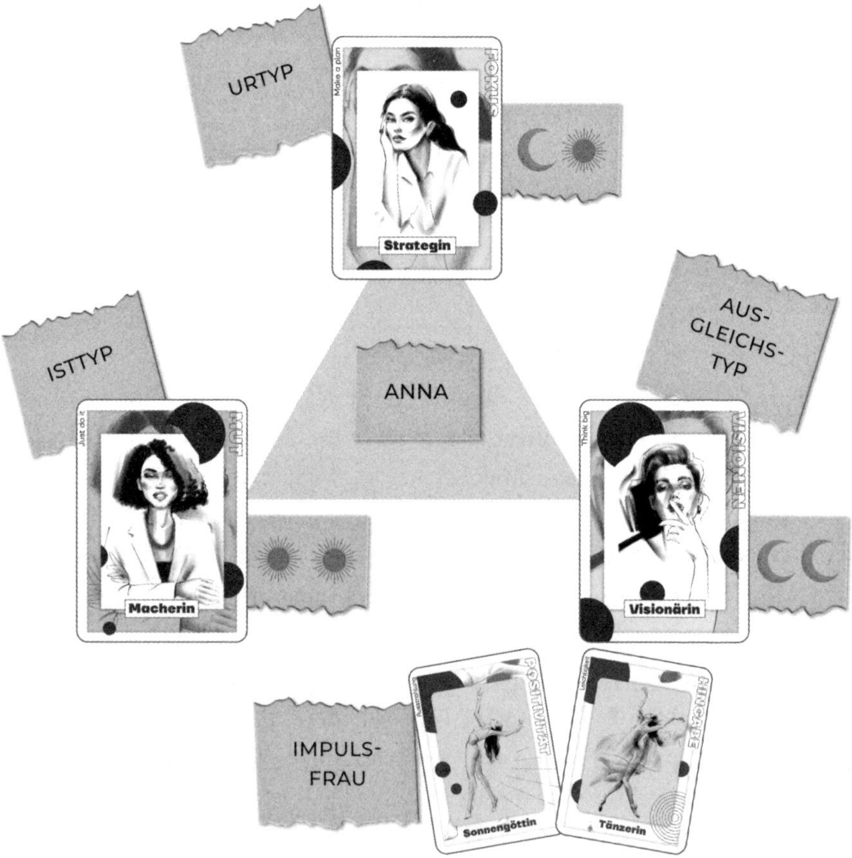

17 IMPULSFRAUEN, DIE DICH NOCH WEITERBRINGEN

Hier stelle ich dir nun die Impulsfrauen vor. Sie sind alle auch noch einmal in Farbe in der hinteren Innenklappe dieses Buches abgebildet. Es sind 17 Schönheiten – jede von ihnen hat ihre ganz eigene Qualität und bringt zwei spannende Impulse für dich mit. Während du die folgenden Beschreibungen liest, kannst du sie dir parallel dazu genau anschauen und dich in die Zeichnungen hineinfühlen, um zu erkennen, welche der Frauen dich anspricht. Oder du kannst später die Augen schließen, den Finger über die Abbildungen wandern lassen und dich intuitiv für eine von ihnen entscheiden. Alternativ findest du sie alle zum Anfassen und Ziehen in meinem Kartenset. Du kannst es auf meiner Homepage bestellen.
Wir Frauen wissen oftmals sehr genau, was wir benötigen – die Karten zeigen uns die Bilder dazu und bestärken uns auch darin, unsere Intuition wieder mehr in unser Leben zu integrieren.

DIE TÄNZERIN: HINGABE UND LEICHTIGKEIT

Die TÄNZERIN erinnert dich daran, mehr Leichtigkeit und Unbeschwertheit in dein Leben zu bringen. Tue alles mit Hingabe, aber leichten Fußes! Du musst nicht den beschwerlichen Weg nehmen, dich zwingen und die Dinge forcieren. Statt mit dem Kopf durch die Wand zu gehen, darfst du dir selbst die Erlaubnis geben, es mit Leichtigkeit zu versuchen. Ein Tanz lebt von dem Vertrauen in die Bewegung: Die TÄNZERIN denkt nicht bewusst über ihre nächsten Schritte nach, sondern übt sich in Hingabe, Flexibilität und Unbeschwertheit. Dann ist sie im Flow, ihre Bewegungen sind grazil und schön. Lass dich von ihr mitreißen und führen und tanze mit ihr durch deine momentane Situation voller Zuversicht und Vertrauen. So wirst du schnell merken, wie ansteckend diese Leichtigkeit ist – es werden sich ganz bald Tanzpartnerinnen und Tanzpartner zu dir gesellen.

DIE WISSENDE: SOUVERÄNITÄT UND INNERE RUHE

Die WISSENDE hilft dir dabei, in dich zu gehen und zu spüren, was du wirklich brauchst – denn du selbst weißt das am besten. Komm zur Ruhe und lass alle Einflüsse von außen vorüberziehen, nimm sie für einige Zeit nicht wahr, sondern spüre stattdessen in deine innere Weisheit hinein. Wenn du deine eigene Souveränität lebst, dann erkennst du deine Bedürfnisse und kannst ihnen besser gerecht werden. Und genau diese Souveränität erreichst du über deine innere Ruhe. Hab das unbändige Vertrauen, alles in dir zu tragen. Schöpfe aus deiner Intuition und höre auf dein Bauchgefühl, dann weißt du, was zu tun das Richtige ist! Das Wissen und die Antworten in dir sind ein großer Schatz. Entdecke und nutze ihn.

DIE MUTTER: FÜRSORGE UND VERANTWORTUNG

Die MUTTER steht für Fürsorge und Verantwortung, und zwar am meisten für dich selbst! Du darfst deine Verantwortung für dich selbst wieder stärker spüren und mehr für dich selbst sorgen. Achte auf dich und deine Bedürfnisse und sei dir selbst eine gute Mutter! Im Flugzeug wird uns gesagt, dass wir bei einem Druckabfall in der Kabine zuerst uns selbst die Sauerstoffmaske aufsetzen sollen – damit wir dann anderen helfen können. Mach es genauso: Sorge immer zuerst für dich. Erst dann bist du stark genug, um für andere zu sorgen.

DIE FREIE: LEICHTIGKEIT UND OFFENHEIT

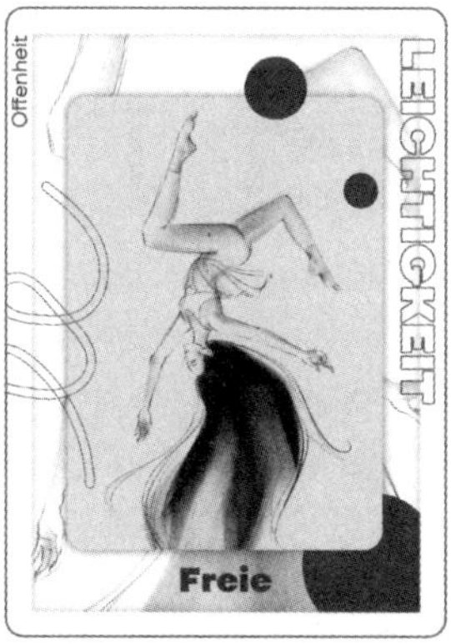

Wenn Pippi Langstrumpf sagt »Das habe ich noch nie vorher versucht, also bin ich völlig sicher, dass ich es schaffe«, dann zeichnet sie das Idealbild der freien Frau. Diese Impulsfrau soll uns dazu ermutigen, Dinge einfach auszuprobieren. Die Zweifel, dass es nicht gelingen könnte, hat man immer, aber DIE FREIE erinnert uns daran, dass man es trotzdem wagen kann und darf. Sie befeuert uns, aktiv zu entscheiden, es zu versuchen. Und dabei ganz selbstbewusst zu sagen: »Einfach mal machen – es könnte ja gut werden.« Genieß es!

DIE KÜNSTLERIN: KREATIVITÄT UND SELBSTERMÄCHTIGUNG

So wie sie Kunstwerke erschafft, kannst auch du dein eigenes Leben gestalten: Die KÜNSTLERIN regt dich dazu an, dein Leben bewusst zu kreieren. Mit Hilfe deiner eigenen Kreativität, mit Hingabe und indem du deine ureigene Kraft spürst und nutzt. Sie gibt dir die Erlaubnis, zu sagen: »Ich darf mein Leben so gestalten, wie ich es möchte.«

DIE GERECHTE: EMPATHIE UND REFLEXION

Wie fühlt sich eine Situation für dein Gegenüber an? DIE GERECHTE gibt dir den Impuls, das zu überdenken und dich in ihn oder sie hineinzuversetzen. Zu spüren, warum jemand so handelt, wie er oder sie es tut, schafft Verständnis und ermöglicht neue Offenheit. Verständnis für dein Gegenüber kann hier Wunder wirken! Jedes Verhalten hat seinen Grund oder ist erklärbar – geh bewusst in die Situation der anderen Person hinein und fühle, was das mit dir macht. Die Erkenntnisse daraus werden dir vermutlich ganz neue Sichtweisen ermöglichen.

DIE SONNENGÖTTIN: POSITIVITÄT UND AUSSTRAHLUNG

Wir können alles im Leben negativ oder positiv sehen. Es gibt den guten und den bösen Wolf – und nur der, den wir füttern, wird groß. Wenn du die SONNENGÖTTIN als deine Impulsfrau brauchst, geht es um mehr Positivität und Ausstrahlung: Wenn wir optimistisch durchs Leben gehen und auch in schlechten Dingen gute Aspekte sehen, ziehen wir das Positive an. Die SONNENGÖTTIN kann dich dabei unterstützen, denn sie gibt dir eine positivere Ausstrahlung, über die du gute Dinge verstärkt in dein Leben holst.

DIE UNANTASTBARE: SELBSTWERT UND GRENZEN SETZEN

Wir sind in unserem Leben häufig angreifbar. Die UNANTASTBARE ermutigt uns, uns unseres Selbstwerts wieder bewusst zu werden und es nicht über andere zu definieren. Dann können wir uns auch erlauben, für uns selbst einzustehen. Die UNANTASTBARE erinnert dich daran, dass du deine Grenzen nicht nur ziehen darfst, sondern auch danach leben sollst. Ein Nein zu anderen ist ein Ja an dich!

DIE LIEBENDE: LIEBE UND HINGABE

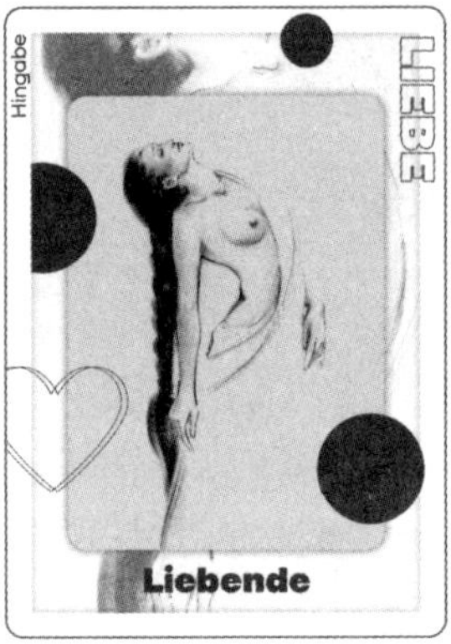

Du darfst die Liebe wieder stärker in dein Leben integrieren – nicht nur die Liebe zu einem Partner oder einer Partnerin, sondern auch zu anderen Menschen, Dingen und Stimmungen. Das Leben ist viel zu kurz, um Dinge zu tun, die dich nicht erfüllen. Und wir sollten auch den scheinbar kleinen Tätigkeiten mit Hingabe nachgehen, zum Beispiel unser Essen ganz bewusst kochen. Wenn wir auch solche Abläufe bewusst erleben und beinahe zelebrieren, können wir daraus eine sehr starke nährende und wärmende Energie ziehen.

DIE KÖNIGIN: WÜRDE UND SELBSTERLAUBNIS

Die KÖNIGIN bringt mehr Anmut und Würde in dein Leben, mehr Bewusstsein für dich selbst. Wir alle sind Königinnen. Und unsere Würde ist unantastbar, so wie es in den Grundrechten steht. Wir dürfen uns selbst immer wieder die Erlaubnis geben, uns entsprechend zu behandeln, denn dann werden wir auch von anderen so behandelt.

DIE SCHAMANIN: KRAFT DER NATUR UND RITUALE

Wenn die SCHAMANIN deine Impulsfrau ist, darfst du dir über die Natur und über Rituale neue Kraft holen. Geh nach draußen und tauche in die Schönheit und Fülle der Natur ein. Lass deinen Kopf frei werden und grenze dich bewusst ab vom Alltag und seinem Trubel. Du darfst dir eine Auszeit nehmen oder mit einem Ritual deine schweren Themen loslassen.

DIE MONDIN: ZYKLUS UND TIMING

Als Frauen leben wir einen Zyklus, so wie der Mond. Wir sollten diesen natürlichen Rhythmus wahrnehmen und respektieren. Vielleicht sind wir kurz vor unserer Periode empfindlich oder nicht mehr so leistungsfähig. Das ist völlig in Ordnung. Wir können nicht immer 100 Prozent leisten, wir sind keine Maschinen, die ununterbrochen auf voller Kraft fahren können. Der Mond ist mal voll und leuchtet satt vom Himmel, mal ist er nur eine schmale Sichel. Ähnlich passiert vieles im Leben und in der Natur in Wellen. Es ist unsere Aufgabe, das zu berücksichtigen und zu integrieren.

DIE ALLUMFASSENDE: FRIEDEN UND ERLEUCHTUNG

Die ALLUMFASSENDE gibt dir den Impuls, deine Emotionen zu regulieren. Ein Freund von mir rät, Menschen, die uns nicht guttun, »nicht mal zu ignorieren«, sondern ihnen keinerlei Aufmerksamkeit zu schenken. Die ALLUMFASSENDE ist stark im Frieden damit, dass Menschen sind, wie sie sind. Wenn es dich nicht tangiert, warum jemand wie reagiert oder was er denken könnte, hast du eine innere Freiheit erreicht, die unendlich wertvoll und wunderschön ist.

DU SELBST: SELBSTVERTRAUEN UND ANERKENNUNG

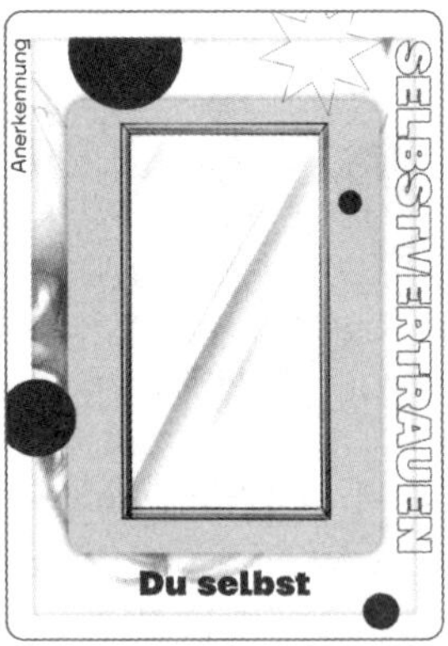

Die Karte zeigt einen Spiegel – sie zeigt dir dich SELBST. Sie soll dich daran erinnern, dass du endlich aufhören darfst, dich selbst zu optimieren. So, wie du bist, bist du in Ordnung und du darfst dir selbst die Erlaubnis dazu geben, ganz du selbst zu sein. Du bist, wie du bist. Das ist gut so, und du solltest es vollumfänglich anerkennen und würdigen.

DIE UNBERECHENBARE: UMKEHR UND GEGENTEIL

Erlaube dir, Dinge anders zu machen und neue Wege zu gehen, so wie es auch die UNBERECHENBARE tut! Es macht ganz viel mit uns, wenn wir mal nicht das tun, was von uns erwartet wird. Und wir haben jedes Recht dazu! Wenn etwas auf die bisherige Weise nicht gut funktioniert hat, ist es jetzt an der Zeit, umzudenken und anders zu handeln. Dein Weg darf dich auf Pfade führen, die du noch nie betreten hast und von denen vielleicht auch niemand erwartet hat, dass du sie mal gehen würdest.

DIE RÜCKSCHAUENDE: HEILUNG UND ALTE THEMEN

Diese Impulsfrau möchte dich auffordern, dich mit einem alten Thema zu beschäftigen, mit dem du Frieden finden darfst. Alte Themen sind Aspekte die in deiner Vergangenheit einmal wichtig waren, aber dich bis heute begleiten. Du trägst sie tagtäglich mit dir herum – sie sind schwer und stellen echten Ballast dar. Du reagierst deshalb beispielsweise auf Situationen anders, als du es heute eigentlich tun würdest. Spüre in dich hinein und erlaube dir, dass diese alten Themen zu deiner Geschichte gehören und von dir gesehen, bearbeitet und geheilt werden möchten. Durch die aktive Bearbeitung und Heilung können daraus wahre Stärken entstehen. Oft sind dies auch alte Familienthemen, die schon deine Vorfahren mit sich herumgetragen haben.

DIE MAGIERIN: POTENZIAL UND SELBSTVERWIRKLICHUNG

Wir alle haben viel mehr Potenzial in uns, als wir glauben. Die MAGIERIN möchte dich gerne dazu auffordern, dein eigenes Potenzial auszuschöpfen und dich viel stärker selbst zu verwirklichen. Du kannst ganz leicht für mehr Magie in deinem Leben sorgen und in dir steckt viel mehr, als du für möglich hältst.

Die Impulsfrauen decken viele verschiedene Facetten unseres Lebens als Frau ab. Wir integrieren niemals nur eine von ihnen. Und das ist auch gut und sinnvoll: Es ist beispielsweise nicht zu empfehlen, immer wie die UNBERECHENBARE zu leben. Aber eine EMPATHIN braucht diese Impulsfrau hin und wieder ganz dringend, weil von ihr immer erwartet wird, dass sie zuhört, für andere da ist, alles versteht und sich selbst dabei zurücknimmt. Wenn sie nun den Impuls der unberechenbaren Frau zulässt und einfach mal sagt:

»Es gibt hier auch noch mich, und ich möchte dir jetzt gerne mehr von meinem Thema erzählen«, entsteht direkt eine ganz andere und für die EMPATHIN sehr nährende Energie. Bei der MACHERIN würde der Impuls UNBERECHENBARE vielleicht dazu führen, dass sie mal nicht macht, sondern sich bewusst zurücknimmt, sich entspannt und erklärt: »Ich war bis jetzt immer zuständig, nun sind mal andere dran.« Die MACHERIN erlaubt sich in so einem Moment selbst, nicht immer funktionieren zu müssen, und das gibt ihr ganz viel Stärke.

Die Erlaubnis an uns selbst ist auch in der systemischen und in der lösungsorientierten Therapie ein sehr erfolgreiches Tool: Ich ermächtige mich selbst, neue Wege einzuschlagen. Die TÄNZERIN tut besonders der STRATEGIN wie auch der MACHERIN gut, weil diese Typen häufig auf Biegen und Brechen ihre Themen durchdrücken möchten. Die TÄNZERIN kann ihnen wieder mehr Leichtigkeit geben. Sie bringt viel weibliche Energie mit: Das tut sowohl der MACHERIN als auch der STRATEGIN besonders gut, weil beide damit in ihren Flow und ins Vertrauen kommen.

Die VISIONÄRIN braucht häufig den Impuls der GERECHTEN: Sie hat ja oftmals eine sehr genaue Vorstellung von ihrer Vision, wie alles zu sein hat und ablaufen soll. Sie hat ganz klare Bilder davon im Kopf – nicht in Schwarz-Weiß, sondern quasi real in Farbe! Wenn die Realität dem dann aber gar nicht entspricht, ist sie schnell enttäuscht. Die GERECHTE erinnert daran, wacher auf das Gegenüber zu schauen und zu sehen, dass es vielleicht gerade mit ganz anderen Problemen kämpft, mitten in einer Scheidung steckt oder im Job Konflikte hat – und deshalb nicht so reagieren kann, wie die VISIONÄRIN es sich gerne mal perfekt ausmalt. Die NETZWERKERIN hingegen kann sehr von der UNANTASTBAREN profitieren. Sie soll sie daran erinnern, wie wichtig es ist, die eigenen Grenzen zu wahren, auch wenn dies zur Folge hat, nicht immer von allen gemocht zu werden.

Die Impulsfrauen können dir neue Wege weisen und andere Perspektiven aufzeigen. Sie sind eine Anregung dazu, neue Sichtweisen zu integrieren. Sie stellen dir Fragen wie: Geht es dir gerade gut? Kümmerst du dich gut um dich? Was brauchst du in deinem Leben? Nachdem beispielsweise Anna, die geborene STRATEGIN, für sich erkannt hat, dass sie die MACHERIN, die sie aktuell lebt, gut mit der VISIONÄRIN und deren Mondenergie ausgleichen kann, fühlt sie sich schon etwas mehr in Balance. Trotzdem ist sie noch unsicher und will mehr. Sie fragt sich: »Was kann ich jetzt noch für mich tun? Und wie genau hole ich die VISIONÄRIN in mein Leben?« Genau dafür sind die Impulsfrauen da.

Anna möchte direkt zwei Karten ziehen, was völlig in Ordnung ist: Manchmal braucht es eben mehr als nur einen Impuls im Leben! Intuitiv greift sie zur TÄNZERIN und zur SONNENGÖTTIN. Das passt ideal, denn diese beiden Impulsfrauen können ihr Leichtigkeit und Optimismus zurückgeben: die SONNENGÖTTIN, die alles sehr positiv sieht, und die TÄNZERIN, die selbst mit so großer Leichtigkeit und Eleganz durchs Leben geht. Genau diese beiden Aspekte fehlen der STRATEGIN oft besonders stark – wo sie doch dazu neigt, Dinge komplizierter zu machen als nötig, und eben von Natur aus weniger leichtfüßig durchs Leben geht.

Bei dem ganzen Bestreben um Ausgleich, das ich auf den vergangenen Seiten beschrieben habe, ist eine Botschaft ganz besonders wichtig, deshalb möchte ich sie hier noch einmal wiederholen: Es geht beim Ausgleichen der Soulwomen nicht darum, dass einige Aspekte schlecht sind und andere gut. Es geht vielmehr darum, dass du dir erlaubst, alles zu sein. Erlaube dir, deinen Urtyp zu leben, und gleichzeitig dein Isttyp zu sein, zu der dich vielleicht die Erziehung deiner Eltern gemacht hat. Du musst nicht eins davon aufgeben oder dagegen ankämpfen, sondern brauchst nur etwas, das die Energien ausgleichen kann!

Wenn du gerade unglücklich bist, dann liegt das mit hoher Wahrscheinlichkeit nicht daran, dass du ein komplett falsches Leben lebst. Vielmehr gibt es ja Gründe dafür, dass du dieses Leben lebst. Du hast gute Gründe, als die Soulwoman zu leben, als die du lebst: Ereignisse und Mechanismen in deiner Vergangenheit haben dich dahin geführt. Sie haben dich zu dem Menschen gemacht, der du jetzt bist. Es ist wichtig, dass du das annimmst und die positiven Aspekte darin siehst. Die MACHERIN beispielsweise schafft sehr viel und hat eine wundervolle, starke Power. Und wenn du weißt, dass du dich als MACHERIN davor schützen solltest, jede Verantwortung zu übernehmen, um nicht auszubrennen, kannst du entsprechend agieren. Hier kann die VISIONÄRIN als Ausgleich dienen, die sich, wenn sie ihr wahres Ich lebt, ganz bewusst Auszeiten nimmt. Die MACHERIN kann die mentale Kraft der VISIONÄRIN nutzen und imaginieren, wo sie Verantwortung übernehmen will und wo nicht.

Viele meiner Klientinnen stellen ihre Impulskarten irgendwo gut sichtbar auf, zum Beispiel auf ihrem Schreibtisch oder kleben sie an den Badezimmerspiegel. Das ist eine schöne Idee, denn so werden sie immer wieder daran erinnert, die Kräfte der Impulsfrau zu spüren und in ihr Handeln zu integrieren.

Damit du dir die Erlaubnis, du selbst zu sein, geben kannst, solltest du dir selbst die folgenden Fragen beantworten:

1. *Wer bin ich überhaupt? Als welcher Urtyp wurde ich geboren?*
2. *Welche Soulwoman lebe ich im Hier und Jetzt? Wie weit habe ich mich damit von meinem Urtyp entfernt?*
3. *Wo will ich hin? In einem Jahr? In fünf Jahren?*
4. *Was brauche ich dafür? Welche Bedürfnisse muss ich auf dem Weg dorthin berücksichtigen und welche Energien von anderen Soulwomen kann ich dafür integrieren? Welchen Ausgleichstyp brauche ich und welche Impulsfrau würde mich noch bereichern?*

GIB DIR OFFIZIELL DEINE ERLAUBNIS

Sicher hast du beim Lesen der vergangenen Kapitel schon einige Aha-Momente gespürt. Vielleicht hast du dich in den Beschreibungen der Soulwomen wiedergefunden und deine Sehnsüchte wurden angesprochen. Vielleicht warst du auch traurig, weil du das Gefühl hast, in der Vergangenheit Chancen verpasst zu haben, und weil du bereust, dir die Erlaubnis, du selbst zu sein, nicht schon viel früher gegeben zu haben. Aber das konntest du nicht, weil es dir einfach noch nicht bewusst war. Und auch das ist Teil deiner ganz eigenen Geschichte. Es ist nie zu spät für die Erlaubnis an dich selbst.

Doch bitte sei dir auch bewusst, dass es nicht reicht, wenn du Aha-Momente hast und dir denkst: »Oh, super – das setze ich dann mal ab morgen um.« Um in die Umsetzung zu kommen, musst du dir selbst, quasi ganz offiziell, die Erlaubnis dafür aussprechen. Die Erlaubnis selbst ist der wichtigste Teil der Umsetzung. Sie steht für ein »Ja, ich mache das jetzt« – ein verbindliches Bekenntnis dir selbst gegenüber. Sicher hast du auch schon erlebt, dass dir Themen im Kopf herumschwirrten, aber erst in dem Moment, in dem du darüber gesprochen hast, konnten sie auch Realität werden.

Als ich erkannt habe, dass ich eine VISIONÄRIN bin, wurde eine Art Kettenreaktion in mir ausgelöst. Ich habe plötzlich meine ganzen Ideen und Bilder zum ersten Mal richtig ernst genommen. Und ich wollte sie unbedingt mitteilen. Auch, weil es umso kraftvoller ist, die Erlaubnis vor einer anderen Person auszusprechen. Also habe ich meine Freundin in München gebeten, sich eine Stunde Zeit für einen Videocall zu nehmen. Wir saßen dann da, sie meinte: »Ich bin jetzt ein bisschen nervös, was passiert!«, und ich habe erklärt: »Ich wollte dir einfach nur mal von all meinen Visionen erzählen.

Ich habe mir bei den meisten nie getraut, sie auszusprechen. Und es fällt mir immer noch schwer. Aber heute ist die Zeit dafür gekommen.« Ich habe ein Selfie gemacht am Anfang des Gesprächs und eines am Ende: Beim zweiten habe ich übers ganze Gesicht gestrahlt. Ich war gleichzeitig völlig erschöpft, weil es super anstrengend war. Aber ich war so glücklich!

An diesem Abend habe ich meiner Freundin unter anderem erzählt, dass ich Coachinnen nach meinem Konzept ausbilden möchte. Und das hat geklappt: Die erste Generation steht bereits in den Startlöchern. Ich habe ihr berichtet, dass ich es vor mir sehe, wie ein Buch von mir erscheint – genau das hältst du gerade in deinen Händen. Ich habe ihr mein Bild davon beschrieben, wie ich meine Ideen, mein Konzept der fünf Soulwomen mit vielen Frauen teile und ihnen dabei helfe, ihr wahres Selbst zu leben. Ich habe das alles gesehen. Und als ich es laut ausgesprochen habe, ist es Wirklichkeit geworden.

»Ich möchte darüber ein Buch schreiben. Ich möchte ganz viele Frauen erreichen. Ich möchte damit rausgehen. Ich möchte mir erlauben, meine Vision zu leben« – Ich habe mich schließlich getraut, solche Dinge zu sagen. Und meine Freundin hat einfach nur zugehört. Sie war dann auch erst mal platt. In dem Moment, als ich endlich alles ausgesprochen hatte, statt es nur mit mir herumzutragen, habe ich es zum Leben erweckt und es konnte Realität werden. Wenn ich jetzt sagen würde, dass mir dann alles ganz einfach zugeflogen ist, würde ich massiv lügen. Es stimmt einfach nicht, dass einem Erfolg zufliegt und man über Nacht seine Träume im Schlaf erreicht. Der Glaube an dich selbst und die Kontinuität, mit der du immer weiter dranbleibst und nicht aufgibst, sind es wohl, die dich immer ein Stückchen näher an dein Ziel bringen.

Ich habe mir also fortan die Erlaubnis gegeben, auch Großes in die Tat umzusetzen und zu wagen. Was für eine lebensverändernde Entscheidung!

Du siehst also: Wenn du dir die Erlaubnis gibst, bist du voll und ganz du selbst und voll in deiner Superpower. Dann kann dich nichts und niemand mehr aufhalten. Weil – und das ist der ganz große Unterschied – du an dich glaubst! Und wenn nicht du an dich glaubst, wer sollte es denn sonst bitte tun?

DAS RITUAL »DESPACHO« – DIE ERLAUBNIS AN DICH SELBST

Das »Despacho« ist eine kraftvolle Zeremonie in der Tradition der Indigenen der peruanischen Anden. Es kann dir dabei helfen, dir ganz aktiv die Erlaubnis für etwas zu geben. Der Name des Rituals kommt vom spanischen Verb »despachar«, das so viel wie »erledigen« heißt.

Schreibe deinen Wunsch – deine persönliche Erlaubnis – auf einen Zettel. Breite nun eine Serviette in einer feuerfesten Schale aus und gestalte darauf ein schönes Mandala als eine Art Geschenk; du kannst hierfür Blütenblätter, Zucker, Kaffee und Schokolade verwenden – deiner Kreativität sind keine Grenzen gesetzt. Lege deinen Zettel in die Mitte des Mandalas, liest deine Erlaubnis laut vor und verbrenne anschließend dein Kunstwerk in der Schale.

Das Feuer hat dabei eine sehr hohe und schnelle Transformationskraft. Und wir zeigen damit Dankbarkeit. In vielen Kulturen gibt es Rituale, bei denen Blumen, Kaffee, Zucker oder

ähnliche Dinge als Zeichen der Dankbarkeit an die Mutter Erde abgelegt und verbrannt werden.
Ebenso ist es mit der Dankbarkeit für uns selbst. Wenn zum Beispiel die MACHERIN realisiert, dass sie einen freien Tag in der Woche braucht. Sie kann sich selbst dankbar dafür sein, dass sie sich dieses Geschenk jetzt machen darf. Es ist auch ein Geschenk an sie selbst, wenn die STRATEGIN nun sagt: »Ich darf jetzt viel mehr mein Gefühl leben.« Oder wenn die EMPATHIN sich erlaubt, im wahrsten Sinne des Wortes selbstbewusst zu schauen, was sie braucht. Die VISIONÄRIN darf dankbar dafür sein, endlich groß und selbstbewusst ihre Visionen aussprechen und sie leben zu dürfen. Und die NETZWERKERIN darf Dankbarkeit verspüren, nun auf ihre ganz eigenen, großartigen Fähigkeiten zu vertrauen.
Du verbindest das »Despacho« mit dem Wunsch, dass du deine Erlaubnis jetzt in die Tat umsetzen darfst. Eine Alternative zum Verbrennen deiner Erlaubnis ist, dass du sie laut und bewusst jemand anderem vorliest – diese Person wird zur Zeugin beziehungsweise zum Zeugen deiner Erlaubnis.

ENTDECKE DIE POWER DER WEIBLICHKEIT 2.0

Dieses Buch soll dir auch den Weg zu einer Weiblichkeit 2.0 weisen. Diese Weiblichkeit löst ein meiner Meinung nach veraltetes Konzept von Weiblichkeit ab, bei dem wir Frauen rein über Äußerlichkeiten definiert wurden sowie über die Rollen, die wir ausgefüllt haben.

Lange Zeit wurde eine Frau, die sich entschied, einige Zeit vor allem für ihre Kinder da zu sein, als Hausfrau etikettiert. Die Karrierefrau galt häufig als kühl und zu kontrolliert. Wer kurze Haare trug, wurde vielleicht ebenso als weniger weiblich wahrgenommen. Das alles sind platte Klischees. Aber genau deshalb stecken sie noch in vielen Köpfen fest – auch in denen von uns Frauen. Und das begrenzt uns. Es bremst uns aus und lässt uns uns selbst weniger spüren.

Weiblichkeit 2.0 ist für mich eine ganz individuelle Weiblichkeit, definiert vor allem durch Vielfalt. Die einzige Regel lautet: Wir dürfen alle wir selbst sein. Eine Frau darf zum Beispiel sagen: »Ich trage ganz viele männliche Aspekte in mir, ich bin unheimlich strategisch und keine typisch fürsorgliche Person. Und ich bin total happy und komme wunderbar damit zurecht, denn für mich ist das genau meine Weiblichkeit.« Eine andere Frau fühlt sich etwa mit ihren raspelkurzen Haaren mehr denn je als Frau in ihrer Stärke und Verletzlichkeit gleichermaßen. Die nächste erklärt vielleicht: »Ich bin super gerne Hausfrau, ich liebe es. Ich bin eine MACHERIN und entscheide mich bewusst dafür, mit all meiner Tatkraft meine Familie glücklich zu machen, und würdige das Privileg, dass ich finanziell nicht davon abhängig bin, gleichzeitig arbeiten gehen zu müssen.«

Das moderne Bild von Weiblichkeit ist folglich auch geprägt von Flexibilität: Ich kann heute Hausfrau sein und mich nächstes Jahr wieder voll im Beruf engagieren. Oder vielleicht lebe ich jetzt die VISIONÄRIN und spinne Ideen und werde in ein paar Wochen wieder stärker zur MACHERIN – und setze dann alle meine Ideen einfach um! Ganz realistisch gibt es auch Lebensabschnitte und Herausforderungen, die uns ganz klar fordern und anderes ausschließen: Kaum eine MACHERIN oder VISIONÄRIN kann in der Zeit, in der sie ein Kind bekommt, ihre Soulwoman voll ausleben, weil sie sich auch rein körperlich auf das Austragen, Gebären und Versorgen ihres Babys konzentrieren muss.

Es ist nur wichtig, dass wir bewusst durch solche Phasen gehen. Dass wir ein Gespür dafür entwickeln, in welche Rollen wir schlüpfen, welche Soulwoman in uns wir erwecken wollen. Und dass wir das immer wieder neu anpassen – etwa beim Übergang vom Studium zum Beruf, wenn das Kind in die Schule kommt oder in die Pubertät. Nur wenn wir bewusst die Weichen immer wieder neu stellen, können wir als Frau unsere Freiheit voll ausschöpfen.

Das alles erfordert auch Bewegung in der Gesellschaft. Es muss stärker akzeptiert werden, dass sich unsere Rollen schnell ändern. Ich finde, bei einer Frau darf man bei einer Bewerbung in der Vita nicht nur darauf schauen, wie viele Jahre sie gearbeitet hat. Natürlich haben wir, wenn wir Kinder bekommen haben, eine Zeit lang unsere Prioritäten anders gesetzt und konnten vielleicht nicht so gut an unserem Netzwerk arbeiten. Solche Kriterien müssen sich ändern. Auch weil Frauen so viele Stärken mitbringen und gerade in der Zeit, in der sie Mutter werden, so viele wichtige Erfahrungen machen, die sie als Persönlichkeit prägen. Eine Frau kann sich in zwei Jahren als Mutter so viele Kompetenzen angeeignet haben wie ein Mann, der zehn Jahre gearbeitet hat. Ich fordere ganz sicher keine Frauenquote – die finde ich persönlich völlig fehlgeleitet. Meiner Meinung nach muss man viel früher ansetzen und die Kriterien ändern, nach denen Arbeitnehmerinnen und Arbeitnehmer beurteilt werden. Hier darf auch Intuition eine größere Rolle spielen. Ein Kriterium kann so zum Beispiel lauten: »Das Bewerberin hat gute Ideen und bringt viel Motivation mit, das fühlt sich gut an.« Und es stimmt ja auch: Frauen, die frisch wieder in den Job einsteigen, haben oft extrem viel Power und Motivation.

Weiblichkeit 2.0 macht weiterhin aus, dass wir zu 100 Prozent hinter dem stehen, was wir leben und was uns glücklich macht. Ich selbst habe lange dafür gebraucht, das zu verinnerlichen – und ich erlebe auch mit meinen Klientinnen häufig, dass es ihnen schwerfällt. Weil

wir in den alten Klischees festhängen, denken wir, dass wir falsch sind. Aber es sind die Klischees, die falsch sind.
Ich zum Beispiel brauche viele Pausen. Früher hielt ich mich für weniger leistungsfähig, sprich: für faul. Heute weiß ich, dass ich mehr Kraft denn je habe, wenn ich mir zwischendurch Ruhephasen gönne und meine Akkus damit gründlich auflade. Ich habe gelernt, mich als VISIONÄRIN anzuerkennen und stolz auf die ganz individuellen Merkmale zu sein, die damit verbunden sind. Ich produziere große Visionen und gebe ganz viel in die Welt hinaus – das ist anstrengend. Und dann brauche ich eben auch Breaks und erlaube mir heute, zwischendurch mal einen Tag lang gar nicht zu arbeiten, sondern nur zu Hause den Rasen zu mähen. Das ist auch kommunikativ eine Herausforderung: Statt mir selbst vorzuwerfen, dass ich in solchen Momenten Schwäche zeige, sage ich inzwischen eher, dass ich einen Ausgleich brauche – und dass das besonders für eine VISIONÄRIN einfach wichtig ist.
Viele von uns haben verlernt, gut auf ihre Bedürfnisse zu achten. Aber wir dürfen uns in unserer Bedürftigkeit wertschätzen und wahrnehmen, nein: Wir müssen es sogar! Und wir sollten offen darüber sprechen. Man wird immer gefragt, was man noch alles geschafft hat, da mag man nicht zugeben, wenn man mal unproduktiv war. Aber wenn du das ehrlich nach außen trägst, hast du auch eine ganz andere Ausstrahlung. Ich kann inzwischen ganz offen erklären, wie toll ich es finde, dass ich mir einen Tag freinehme und dass ich das aus vollem Herzen genieße – das wirkt doch auch für mein Gegenüber ganz anders, als wenn ich kleinlaut murmle, dass ich an diesem Tag ganz schön faul gewesen sei. Denn das würde bedeuten, dass ich im Mangel bin. Wenn ich aber selbstbewusst verkünde, wie sehr ich meine Auszeit genossen habe, wird niemand auf die Idee kommen zu sagen: »Du bist aber faul.«
Für eine MACHERIN ist das dennoch eine besonders große Challenge. Sie ist quasi in ihrem persönlichen Olymp angekommen,

wenn sie sagen kann: »Ich zeige fast immer volle Leistung, ich kann mega gut performen. Und jetzt nehme ich mich mal bewusst ein paar Tage aus allem raus und freue mich, dass ich in dieser Zeit gar nichts machen werde.« Ihr Umfeld wird ihr dann ebenfalls kaum spiegeln, dass sie eine Verliererin ist, sondern wird ihr vielmehr zujubeln und sich mit ihr freuen. Das Umfeld der MACHERIN erkennt an, dass sie sich verletzlich gezeigt hat. Die eigenen Bedürfnisse zu erkennen und auszusprechen, ist sehr wichtig: Wir zeigen uns verletzlich, wenn wir das tun. Aber in dem Moment, in dem wir unsere Bedürfnisse erkennen und sie aussprechen, geben wir uns gleichzeitig die Erlaubnis, wir selbst zu sein.

FINDE STÄRKE IN DEINER VERLETZLICHKEIT

Viele denken, wenn sie sich verletzlich zeigen, werden sie verletzt. Aber das Gegenteil ist der Fall: Verletzlichkeit zeigt Stärke. Eine Freundin von mir, eine STRATEGIN, gibt oftmals ganz offen zu: »Sorry, jetzt habe ich mich gerade wieder in meinen Gedanken verrannt, ich habe viel zu viel nachgedacht.« Es ist eben typisch für die STRATEGIN, dass sie Dinge zerdenkt. Aber wenn man sich selbst die Erlaubnis dafür gibt, die eigene Wahrheit auszusprechen, dann wird aus einer Schwäche eine Stärke. Ich sage immer: Mit Verletzlichkeit kann man aus jeder Schwäche eine Stärke machen. Dabei muss ich an einen Freund denken, mit dem ich einmal zum Essen verabredet war. Ganz knapp vor dem Treffen sagte er einfach ab. Ich war sauer, weil es so kurzfristig war: Ich hatte mich schon zurechtgemacht, ein schönes Kleid angezogen, war geschminkt und er ließ mich sitzen. Ich schrieb ihm eine Nachricht, wie blöd ich das finde. Aber statt eine Ausrede zu erfinden, hat er mich angerufen und erklärt: »Sarah, es tut mir total leid. Ich bin wieder in mein altes Schema reingerutscht: Ich wollte es allen recht machen. Im Job ging es länger und meine Mutter brauchte Hilfe. Auch wenn es bei ihr nicht super dringend war, habe ich mich nicht getraut, ihr abzusagen. Ich hab wirklich versucht, alles unter einen Hut zu bekommen, aber ich habe es nicht geschafft.« Ich fand es immer noch doof, dass ich an dem Abend allein zu Hause saß, aber da er sich verletzlich gezeigt hat, konnte ich Verständnis aufbringen und es stand nicht zwischen uns.

Wenn du so offen bist und vermeintliche Schwächen präsentierst, zeigst du dich in deiner vollen Verletzlichkeit. Die amerikanische Autorin und mein ganz großes Vorbild Brené Brown hat viel über dieses Gefühl gesprochen und es quasi wieder salonfähig gemacht. Hierzulande nehme ich es kaum wahr, dass Verletzlichkeit eine Rolle spielt, dabei ist sie ein unheimlich wichtiges Thema. Es ist viel Scham damit verbunden, denn wir wollen ja alle lieber nicht angreifbar sein. Dabei ist Verletzlichkeit etwas, das man zum Beispiel für eine funktionierende Liebesbeziehung zwischen zwei Menschen unbedingt braucht. Und wenn du dich selbst nicht verletzlich zeigen kannst, wie willst du dich dann annehmen?

Eine Weiblichkeit 2.0 ist für mich daher eng mit Verletzlichkeit verknüpft. Der männliche Weg, der ist total etabliert: immer geradeaus, konstant mit Scheuklappen durch die Welt gehen, keine Schwäche zeigen, sich nur auf die Stärken fokussieren und stets alles optimieren. Ich gebe zu: Das ist etwas überspitzt formuliert. Doch als Frau habe ich für mich festgestellt: Dieser männliche Weg funktioniert nicht immer, nicht wirklich gut und vor allem funktioniert er nicht nachhaltig. Für mich ist daher der neue weibliche Weg, dass wir erst mal in die Verletzlichkeit gehen. Dass wir uns zeigen, ganz klar werden und sagen: »Ja, genau diese Schwäche habe ich. Und da gehe ich jetzt auch rein.« Und über genau diese Schwächen kommen wir in unsere Erlaubnis und können sagen: »Ich habe diese Schwäche nicht nur, sondern ich erlaube mir auch, sie zu haben.« Und sobald du diese beiden Komponenten in deinem Leben integriert hast, kannst du aus dieser Schwäche eine ganz großartige Stärke machen. Ich gehe sogar noch einen Schritt weiter und behaupte ganz größenwahnsinnig: Du kannst daraus deine ganz eigene Superpower machen – indem du deine Schwächen zulässt, akzeptierst, erlaubst und dann aus dem Negativen etwas Positives machst. Ich glaube, da müssen wir alle hinkommen, dass wir sagen: Unsere Schwächen sind nicht mehr länger nur unsere Schwächen, sondern durch unsere aktive Erlaubnis an uns selbst stellen sie die große Chance dar, uns zu unserer ganz eigenen Stärke zu führen.

Deswegen ist mein Appell:
Erlaube dir, du selbst zu sein!

Nur du kannst das machen, jemand anderes wird es leider kaum tun. Wenn ich auf mein Leben zurückschaue, dann habe ich selbst zum Beispiel nie die Erlaubnis bekommen, ein hochsensibles Kind zu sein. Niemand hat erkannt, warum ich öfter geweint habe als andere. Dabei hatte ich alles andere als eine schlimme Kindheit, im Gegenteil, sie war sehr schön. Aber ich habe eben nie die Erlaubnis bekommen, das zu sein, was ich bin.

In der Schule wirst du gelobt, wenn du gute Noten hast, und getadelt, wenn du aus der Reihe tanzt. Das habe ich oft gespürt. In meinen Partnerschaften war es ähnlich: Wenn ich mir das rückblickend genauer anschaue, dann wurde ich immer heiß und innig geliebt, solange ich die Rolle gespielt habe, die von mir in diesem Moment er-

wartet wird. Aber sobald ich mehr ich selbst war und auch eigene Bedürfnisse geäußert habe, wurde die Sache kompliziert.
Dabei ist mir irgendwann auch bewusst geworden, dass ich mir selbst gar nicht erlaubt habe, diesen wahren Kern zu haben und zu leben. Und wie kann ich dann von anderen erwarten, dass sie mir das erlauben?
Also, wenn du nicht selbst all deine Eigenschaften an dir gutheißt und wertschätzt, wie soll das dann jemand anderes tun? Und was noch ganz wichtig ist: Fang bei dir selbst an! Räum zuerst bei dir auf und sei erst einmal du. Erst dann kann dein Umfeld dir damit folgen.

MACH SCHLUSS MIT DER SELBSTOPTIMIERUNG

Ich finde, es gibt diesen Drang in der Gesellschaft, dass alle eine bessere Version ihrer selbst sein wollen. Die Botschaft dahinter ist: So wie ich bin, bin ich nicht gut genug – ich muss eigentlich etwas Besseres, etwas anderes sein. Der STRATEGIN ist dann ihre Stärke, so gut zu planen, nicht mehr gut genug. Sie sehnt sich vielleicht danach, dass sie ganz intuitiv handeln, rausgehen und mutig neue Dinge anpacken will. Die VISIONÄRIN will oftmals gerne strategischer sein und ihr Handeln auf Fakten aufbauen. Kurz: Wir versuchen, immer das, was wir nicht sind, noch irgendwie zu integrieren. Und es ist gut, dass wir uns weiterentwickeln und auch von anderen Frauen etwas annehmen. Aber zuallererst geht es darum, zu erkennen: Hey, meine eigene Soulwoman verkörpert eine Superpower! Die erkenne ich an. Und dann ist erst der Zeitpunkt gekommen, zu sagen: Ich kann auch die Superpower der anderen Frauen annehmen, statt aus dem Gefühl von Mangel heraus einen anderen Typ anzustreben.

Eine Freundin von mir ist eine MACHERIN und sagt immer, sie wolle auch eine VISIONÄRIN werden. Sie ist nicht damit zufrieden, dass sie alles wuppt. Sie sagt sogar: »Ich fühle mich total minderwertig, weil ich keine großen Ziele habe und nur vor mich hinarbeite.« Da kann ich immer nur entgegnen, dass ich froh wäre, wenn ich so viel in so kurzer Zeit schaffen würde wie sie. Man will eben immer das haben, was man nicht hat. Wenn man Single ist, will man einen Partner oder eine Partnerin. Wenn man in einer Partnerschaft lebt, sehnt man sich nach dem Gefühl, frisch verliebt zu sein. Wenn man lockige Haare hat, will man lieber glatte. Nur: Während das mit den Haaren mit einem Glätteisen schnell geregelt ist, ist es auf der mentalen Ebene schon fast Selbstverleugnung, wenn eine Frau sagt: »Ich habe die Superpower, dass ich alles schaffe, leite ein eigenes Unternehmen, habe drei Kinder und kriege das alles bestens auf die Reihe«, und gleichzeitig beklagt sie sich, dass sie eigentlich viel lieber eine VISIONÄRIN wäre. Lass dir von einer VISIONÄRIN gesagt sein: Das würde sicher gar nicht zu dieser Frau passen und ihr komplettes Leben über den Haufen werfen. Sie würde die MACHERIN schnell sehr vermissen, denn die ist einfach wunderbar in ihr!

Aktiv zu sein, ist schön und gut. Aber wenn etwas gerade nicht geht, dann ist das so. Wir können nicht 24 Stunden am Tag und sieben Tage die Woche immer nur tun, tun, tun (es sei denn, wir sind eine MACHERIN – aber auch die braucht ihre Pausen). Wenn wir Dinge erreichen wollen, dann haben die auch ihr Timing (großer Reminder an jede VISIONÄRIN!). Sie dürfen in Momenten entstehen, in denen Raum dafür ist. Und es macht keinen Sinn, einem Idealbild hinterherzurennen, das gar nicht zu einem passt.

Was ich dir damit sagen will: Auf dem Weg der Veränderung solltest du niemals aus einem Mangel heraus agieren, sondern immer aus der Fülle. Wenn du gern zwei, drei Kilo weniger wiegen würdest, ist es völlig in Ordnung, stärker auf deine Ernährung zu achten. Aber tu das nicht, weil du dich besser oder attraktiver für andere fühlen willst. Sorge stattdessen zuerst dafür, dass du dich besser fühlst. Du darfst dich optimieren, natürlich: Du darfst dein Leben kontinuierlich verbessern, gestalten und nach deinen Vorstellungen erschaffen. Aber du solltest es nicht aus negativen Beweggründen, sprich, einem Mangel heraus tun. Auch dazu gehört die Erlaubnis: Du musst dir erlauben, so zu sein, wie du bist. Dich annehmen, akzeptieren und lieben. Alles andere ist dann die Kirsche auf der Sahne.

Wenn du aus einem Mangel heraus Dinge tust, dann ist das in der Regel ungesund und verkrampft. Es ist eine ganz andere Ausgangsbasis, wenn du weißt: »Ich bin genau so richtig, wie ich bin. Und ich tue Dinge für mich, weil ich mir noch mehr Fülle und Zufriedenheit wünsche. Ich versuche, sie in mein Leben zu integrieren.« Die Formulierung »es zu versuchen« passt sehr gut, weil du dir damit die Freiheit gibst, dass es eventuell auch nicht gelingt. Denn das kann ja aus den unterschiedlichsten Gründen passieren – und ist völlig in Ordnung.

Wenn sich deine Aufmerksamkeit immer darauf richtet, was sein könnte, sein sollte, sein müsste – dann macht dich das auch unzufrieden. Du geißelst dich geradezu selbst damit, weil du nur auf das schaust, was derzeit nicht ist, was dir vermeintlich fehlt. Natürlich wird das auch durch unsere Gesellschaft und die Medien befeuert: Du schlägst ein Magazin auf und bekommst präsentiert, wie du deine Ernährung noch mehr verbessern könntest, indem du vegan lebst. Auf Instagram siehst du all die Frauen, die schon drei Jahre vegan leben und kein Make-up brauchen, weil sie eine super tolle Haut haben, und voll durchtrainiert sind sie auch, dazu noch jeden Tag zwei Stunden an der frischen Luft. Es beeinflusst uns, wenn wir das sehen, es schürt ein Gefühl von Unzulänglichkeit. Aber wenn du deine Stärken wirklich anerkennst, dann kannst du auch deine Schwächen viel besser akzeptieren.

Wenn ich mal ein paar sehr anstrengende Tage habe, dann spüre ich mittlerweile sehr genau, dass ich danach eine Ruhepause brauche. Bis vor ein paar Jahren hätte ich mir das nicht eingestanden. Ich merke aber, wie gut mir diese Pausen tun, denn ohne sie nehme ich viel weniger von meinen Visionen wahr. Wenn ich also auf mich achte, mir meine Erlaubnis gebe und meine Bedürfnisse berücksichtige, dann bin ich ganz in meiner Kraft – und das macht mich auch wieder zufriedener.

Mein bestes Beispiel dafür, von dem ich meinen Klientinnen gern erzähle, ist immer »Der Blick in unseren Kühlschrank«: Wenn wir Hunger haben und überlegen, was wir kochen sollen oder wollen, schauen wir oft gar nicht mehr richtig im Kühlschrank nach, welche Zutaten dort bereitliegen, sondern fokussieren uns nur genau darauf, worauf wir gerade Lust haben. Und die Zutaten dafür müssen wir in der Regel erst noch im Supermarkt besorgen. Wir kaufen also lieber schon wieder neue Lebensmittel ein, obwohl unser Kühlschrank noch voll ist mit anderen guten Sachen. Statt das zu verwerten, was wir zu Hause haben, und daraus etwas Schönes zu zaubern, gehen wir lieber los und kaufen etwas Neues. Wir leben auch mental in einer Konsumgesellschaft. Statt zu schauen, was wir bereits in uns haben, fokussieren wir uns nur darauf, was wir noch nicht haben und was noch besser werden könnte.

Natürlich gibt es spannende Entwicklungen und neue Themen, die alle ihre Berechtigung haben. Und ich will keineswegs dazu raten, dass wir alle den Fortschritt verpassen. Aber wir sollten immer auch bei jeder neuen Sache prüfen, welche Relevanz sie für das eigene Leben hat, was wir selbst vielleicht schon davon haben oder aus anderen Gründen einfach nicht mehr oder noch nicht brauchen.

Schau immer erst in deiner eigenen Schatzkiste nach, was du da drin alles schon liegen hast. Was sind deine Stärken? Die solltest du nähren und ausbauen, zu einer großartigen Superpower. Denn genau das brauchen wir: Frauen, die sich ihrer ureigenen Stärken bewusst sind. Wir brauchen nicht die Pseudo-STRATEGIN, die es sich mit großem Aufwand angeeignet hat, tolle Pläne zu schmieden. Wir brauchen auch nicht die Pseudo-MACHERIN, die fast daran zugrunde geht, dass sie sich und anderen beweisen will, dass sie ganz viel schafft. Nein, wir brauchen die echten Menschen, die echten Frauen, die echten VISIONÄRINNEN, STRATEGINNEN, EMPATHINNEN, NETZWERKERINNEN, MACHERINNEN. Und wir brauchen uns vor allem auch gegenseitig! Wenn wir alle gleich wären, wäre das doch langweilig.

So weiß ich, dass ich die NETZWERKERIN anrufen kann, wenn ich einen Kontakt brauche, die EMPATHIN, wenn ich mich nach Zuspruch sehne, und die STRATEGIN, wenn meine Vision einen Plan braucht, um Wirklichkeit zu werden.

HINTERFRAGE DEINE GLAUBENSSÄTZE

Wir haben im Kapitel »Was die Erlaubnis an dich selbst bewirken kann« (siehe Seite 103) bereits über Glaubenssätze gesprochen und darüber, welchen Einfluss sie auf unser Denken und Handeln haben. Das sollten wir uns bewusst machen und damit arbeiten. Mir ist bei diesem Thema eine Sache sehr wichtig: Die meisten Menschen haben gelernt, dass Glaubenssätze durch Erziehung entstehen und durch Erfahrungen, die wir machen, beispielsweise traumatische Erlebnisse. Diese Fälle gibt es sicher. Wenn beispielsweise in der Schule ein Lehrer gesagt hat, dass du schlecht zeichnen kannst, traust du dich mitunter bis heute nicht zu zeichnen, obwohl du vielleicht Spaß daran hättest und durchaus auch Talent dazu. Aber der Glaubenssatz »Ich kann nicht zeichnen« ist fest in dir verankert und

jedes Mal, wenn du zum Stift greifst, fühlst du dich schwach. Wenn so etwas geschehen ist, kann es durchaus sein, dass du einen Glaubenssatz durch einen Einfluss von außen übernommen hast.
Durch die Arbeit mit den fünf Soulwomen ist mir jedoch bewusst geworden, dass wir viele Glaubenssätze schon mit auf die Welt bringen – vor allem die, die sehr tief verankert sind, also die, die unsere Seele formen. Und dass es Glaubenssätze sind, die mit unserem ganz eigenen Frauentyp in Verbindung stehen: Die verkopfte STRATEGIN ist beispielsweise häufig von Zweifeln geplagt. Die MACHERIN ist überzeugt, dass sie immer alles schaffen, sich durch alles durchackern muss. Die EMPATHIN glaubt, die Bedürfnisse der Menschen um sie herum seien wichtiger als ihre eigenen. Die VISIONÄRIN fühlt sich häufig fremd und denkt, sie gehöre nicht dazu. Und die NETZWERKERIN stresst sich damit, immer allen weiterhelfen zu müssen.
Es gibt sowohl Glaubenssätze, die eine gute Wirkung haben, als auch solche, die eher negative Auswirkungen haben. Das Problem ist leider, dass wir die guten Glaubenssätze in der Regel als selbstverständlich wahrnehmen und die schlechten uns viel stärker präsent sind. Für die MACHERIN, die sehr mutig ist, ist das ganz normal: Sie nimmt es selbst kaum als positive Überzeugung wahr, wenn sie sich viel zutraut und häufig denkt »Ich schaffe das«, weil sie das als selbstverständlich wahrnimmt. Gleichzeitig hat sie häufig den Glaubenssatz: »Ich muss mir alles hart erarbeiten.« Dieser kann sie quälen und an ihre Grenzen führen. Die positiven Glaubenssätze in unserem Leben kommen häufig nicht ans Licht, weil sie uns nicht ausbremsen und minimieren. Wenn ich drei Wochen keine Kopfschmerzen habe, dann freue ich mich in der Regel auch nicht jeden Tag darüber, dass ich schmerzfrei bin. Erst an dem Tag, an dem ich aufwache und mein Kopf wehtut, denke ich: »Oh nein, jetzt habe ich Kopfschmerzen!« Und erst in dem Moment wird mir vielleicht

bewusst, dass ich ja die vergangenen drei Wochen keine hatte. Positive Dinge sind häufig selbstverständlich und wir wissen sie erst zu schätzen, wenn sie uns fehlen: Wir alle haben positive Glaubenssätze, können sie aber oft gar nicht klar benennen, weil sie keine bewusste Rolle in unserem Leben spielen. Auch alle Soulwomen haben gute und weniger gute Eigenschaften – die sich folglich auch in stärkenden oder minimierenden Glaubenssätzen widerspiegeln.

Nun bin ich gar keine Freundin davon, zu sagen, dass man sich einen positiven Glaubenssatz nur aufschreiben, an den Spiegel pinnen sowie jeden Tag lesen soll und das sei der Schlüssel zum Glück. In vielen Büchern wird das versprochen, aber meiner Erfahrung nach schürt das falsche Hoffnungen. Es gehört durchaus etwas mehr dazu: Gerade bei den tief sitzenden Glaubenssätzen der Soulwomen kann es sehr empfehlenswert sein, sie im Rahmen eines Coachings zu hinterfragen.

Ich gehe zum Beispiel gemeinsam mit meinen Klientinnen zum Ursprung des Glaubenssatzes und löse ihn auf. So kann ein Glaubenssatz etwa ein uraltes Ahnenthema sein, das schon viele Frauen aus deiner Familie vor dir in ihrem Leben hatten: eine Angst oder eine negative Erfahrung, die von Generation zu Generation weitergegeben wird, ohne dass sie je hinterfragt wurde. Ich denke, dass man diese Überzeugungen wirklich nur verändern kann, wenn man sie an der Ursache bearbeitet – erst dann ist die Veränderung auch lang anhaltend.

Dennoch kann es hilfreich sein, von Anfang an gute Glaubenssätze für sich zu definieren und diese immer wieder auszusprechen. Denn damit fütterst du deine guten Gedanken. Und es verändert sich etwas in dir. Es gibt die Anekdote von einem Jungen, der einen alten Indianerhäuptling fragt: »Wer ist stärker – der gute oder der böse Wolf?« Die Antwort des weisen Mannes ist: »Der, den du fütterst.« Wenn du nun einen guten Glaubenssatz fütterst, ist dieser viel akti-

ver und für dich viel präsenter als ein negativer Glaubenssatz. Dieser ist vielleicht immer noch da, weil er noch nicht bearbeitet und geheilt wurde, aber er hat nicht mehr so eine starke Kraft.
In der folgenden Tabelle findest du Sätze, die viele Soulwomen in sich tragen – plus mögliche Alternativen. Fühl dich beim Lesen hinein und schau, was dabei mit dir passiert: Wahrscheinlich hat schon das allein eine positive Wirkung und hilft dir dabei, dir selbst die Erlaubnis zu geben, positivere Leitsätze zu haben, wie »Ich darf anders sein«, »Ich darf meiner Intuition vertrauen« oder »Ich vertraue mir selbst«. Diese Alternativen führen dich auf neue Pfade, die du testen, häufiger gehen und breiter werden lassen kannst. Daher habe ich sie mit »Auf dem richtigen Weg …« betitelt, weil ich das Bild vor Augen habe, wie du dich mit diesen Gedanken im Kopf auf einen für dich schöneren Weg machst, der erfüllender ist und dir neue, optimistische Perspektiven eröffnet. Diese Gedanken zeigen, wie die Glaubenssätze, die uns ausbremsen, in stärkende umgewandelt werden können. Vielleicht passen diese Formulierungen schon perfekt für dich und du spürst eine hohe Resonanz. Oder du kannst sie für dich weiterentwickeln – probier es aus, arbeite im Alltag damit und hinterfrage darüber deine Denkmuster und Überzeugungen, um dich weiterzuentwickeln und in deine Kraft zu kommen.

Typ	Glaubenssätze	Auf dem richtigen Weg ...
VISIONÄRIN	»Ich bin anders.«	»Es ist ganz wunderbar, anders zu sein.«
	»Ich gehöre nicht dazu.«	»Ich fühle mich verstanden und akzeptiert.«
	»Ich muss etwas Besonderes sein.«	»Ich werde wert-geschätzt.«
EMPATHIN	»Ich muss mich in den anderen hinein-versetzen.«	»Ich darf an mich denken.«
	»Seine Bedürfnisse sind wichtiger als meine.«	»Ich darf meine Gefühle zeigen und äußern und werde trotzdem geliebt.«
	»Ich weiß, er meint es nicht böse.«	»Ich darf meine Grenzen setzen und für mich selbst einstehen.«

Typ	**Glaubenssätze**	**Auf dem richtigen Weg …**
STRATEGIN	»Alles muss ganz genau durchdacht sein.«	»Ich darf meiner Intuition vertrauen.«
	»Alles muss immer Sinn machen.«	»Das fühlt sich gut an.«
	»Alles im Leben ist kompliziert und anstrengend.«	»Ich fühle Leichtigkeit und Freude.«
MACHERIN	»Ich muss alles schaffen.«	»Ich muss niemandem etwas beweisen und werde trotzdem geliebt.«
	»Ich darf keine Schwäche zeigen.«	»Ich darf langsamer machen.«
	»Am besten gar nicht erst darüber nachdenken.«	»Ich darf auf meine Signale hören und stopp sagen.«

Typ	Glaubenssätze	Auf dem richtigen Weg …
NETZWERKERIN	»Ich darf die anderen nicht enttäuschen.«	»Ich erlaube mir, meine Prioritäten zu setzen.«
	»Ich darf nicht NEIN sagen.«	»Ein NEIN zu anderen ist ein JA zu mir.«
	»Ich muss den anderen weiterhelfen.«	»Ich darf warten, bis man mich um Rat fragt.«

ECHTE BERGTOUREN: SOULWOMEN IN MEINEM COACHING

LERNE NUN ECHTE SOULWOMEN KENNEN

Mein Wissen und meine Erfahrung aus meiner Arbeit gebe ich seit einiger Zeit auch in einer eigenen Ausbildung zur spirituellen Coachin weiter. Dabei fällt mir immer wieder auf, dass es die wahren und echten Geschichten aus meiner Praxis sind, die bei meinen Schülerinnen am besten hängen bleiben und sie am meisten begeistern. Das möchte ich auch dir ermöglichen. Deshalb nehme ich dich nun auf den folgenden Seiten mit in meine tägliche Arbeit mit meinen Klientinnen und stelle dir fünf Frauen mit ihren echten Geschichten vor, die mit mir den Weg der Erlaubnis gegangen sind und mit diesem Konzept ihr Leben verändern konnten.

LAURA, DIE EMPATHIN, DIE NACH EINEM REITUNFALL IHR GANZES LEBEN VERÄNDERTE

Als Laura zum ersten Mal in meine Praxis kam, konnte sie kaum laufen, ihre Bewegungen waren abgehackt und mechanisch, wie bei einem Roboter. Jeder Schritt fiel ihr schwer und sie saß mir gegenüber auf dem Stuhl wie auf einem rohen Ei. Ein schlimmer Reitunfall ein Jahr zuvor hatte sie aus dem Leben geworfen: Ihr Rückgrat war dabei gebrochen, sie musste das Laufen ganz neu lernen und wusste jetzt, als wir uns trafen, noch nicht, ob sie jemals wieder ganz gesund werden würde. Zu mir kam sie vor allem wegen ihrer panischen Angst, die sie nun vor Pferden hatte: Sie konnte die Tiere nicht mal ansehen, selbst im Fernsehen oder auf Bildern nicht. Wann immer sie mit einem Pferd konfrontiert wurde, kam sie in ihr Trauma zurück. Allein der Anblick erinnerte sie mit voller Härte an ihren Unfall und ihre Schmerzen. Mit Tränen in den Augen bat Laura mich darum, ihr zu helfen. Sie sehnte sich danach, irgendwann wieder Pferden entspannt begegnen zu können.

Unser Ziel war also in dem Moment: Wir wollten erreichen, dass Laura wieder Pferde sehen konnte, auf Bildern und auch von Angesicht zu Angesicht, ohne in ihr Trauma abzurutschen und Panikattacken zu bekommen. In den Sitzungen haben wir jedoch erst einmal gar nicht über die Tiere gesprochen, sondern über Laura selbst. Dabei haben wir relativ schnell festgestellt, dass sie in sehr vielen Bereichen und Momenten nicht bei sich selbst ist, sondern immer bei den anderen. Dass sie sogar ein Leben lebt, das die anderen für sie wollen. Sie hatte gerade eine Ausbildung zur pharmazeutisch-technischen Assistentin absolviert. Ich habe sie gefragt, ob ihr das Spaß mache, und sie meinte: »Nein, aber meine Mutter und mein Vater finden es gut, dass ich das mache.«

Ihre Mutter war besonders prägend für sie; die beiden wohnten noch zusammen. Und alles, was Laura tat, tat sie für die Menschen in ihrem Umfeld. Wenn ihre Mutter zum Beispiel durch die Blume zu ihr meinte, dass sie mal wieder ein bisschen aufpassen müsse, weil sie sich etwas Speck um die Hüften angegessen hätte, war Laura danach wochenlang auf Diät. Nicht, weil sie sich selbst unwohl fühlte, sondern weil sie den Ansprüchen ihrer Mutter gerecht werden wollte. Sie tat stets alles, um den Energien der anderen zu entsprechen. Sie selbst hatte das nie hinterfragt; für sie war die Frage stets nur: Was wollen die anderen und was erwarten sie von mir? Laura war überzeugt, dass sie niemanden enttäuschen darf, und für sie war die logische Schlussfolgerung daraus, dass sie alles so tun muss, wie andere Leute das wollen – weil sie davon ausging, dass alles, was die anderen sagten, richtig sei. Laura ist eine geborene EMPATHIN und lebt auch die EMPATHIN. Sie nimmt also die Energien ihrer Mitmenschen so stark wahr, dass sie darüber meist sich selbst vergisst.

Im Coaching ermutigte ich Laura, in sich hineinzufühlen, was sie eigentlich will. Sie war erst einmal total erstaunt, dass wir gar nicht über die Pferde sprachen, sondern einfach nur über sie. Das war für sie auch etwas, mit dem sie sich gar nicht auskannte: Fragen wie »Was will ich selbst wirklich tun? Was fühlt sich für mich richtig an?« hatte sie sich nie gestellt, das war eine völlig neue Erfahrung für sie. Und es fiel ihr alles andere als leicht, Antworten darauf zu finden. Sie kam sehr regelmäßig zu mir ins Coaching und hatte immer wieder Hochs und Tiefs. Mal schaffte sie es sehr gut, ihre eigenen Bedürfnisse zu spüren und ihnen auch gerecht zu werden. Im nächsten Moment fiel sie wieder in diese emotionale Negativschleife, in der es ihr schlecht ging, weil sie zum Beispiel das Gefühl hatte, dass ihr Vater enttäuscht von ihr war, weil sie zu sehr an sich gedacht hatte, statt seinen Anforderungen Vortritt zu geben.

Ich habe Laura immer wieder dazu ermutigt, sich auf sich selbst zu konzentrieren und zu fragen: »Was will ich?« Wir haben dann relativ schnell festgestellt, dass ihre Ausbildung sie todunglücklich macht.

Sehr interessant war, dass, während wir in meiner Praxis Woche für Woche an Lauras Themen gearbeitet haben, sich ganz wie von selbst in ihrem Alltag Veränderungen einstellten. Die waren zuerst mal gar nicht positiv, sondern es wurden ihr regelrecht Steine in den Weg gelegt: Der Chef in ihrer Ausbildung, der immer sehr zufrieden mit ihr gewesen war, fing plötzlich an, an ihr herumzumäkeln, und hatte ständig etwas an ihrer Arbeit auszusetzen. Das Leben zeigte ihr quasi von selbst, dass sie hier wirklich etwas ändern musste und auch durfte. Die klare Botschaft an Laura war: »Du gehörst hier gar nicht hin!«

Sie fasste sich ein Herz und brach die Ausbildung ab, sehr zum Leidwesen ihrer Eltern. Und ermutigt durch mich fing sie an zu studieren – das, was sie eigentlich schon immer machen wollte. Sie hatte bereits früh den Traum, Schriftstellerin zu werden, wollte Krimis und Thriller schreiben. Und so traute sie sich, ein Studium in Literaturwissenschaft und Theater zu beginnen. Es war ein ganz großes Erlebnis für sie, dass sie diesen Schritt gegangen ist und dann in sich reingespürt und gemerkt hat, wie glücklich sie das macht. Sie realisierte: »Wow, das fühlt sich so toll an, dass ich das einfach mache!« Das war auch genau das, was wir im Coaching erarbeitet hatten: Als die doppelte EMPATHIN, die Laura ist, tut ihr die Energie der MACHERIN sehr gut. Wir haben also erarbeitet, wie sie bewusst die MACHERIN sein kann, um für sich selbst einzustehen und das Leben zu leben, das zu ihr passt.

Das war für Laura natürlich ein sehr starker life-changing moment: Auf einmal veränderte sich ganz viel für sie zum Positiven. Sie hatte eine Beziehung, sie hatte Spaß in ihrem Leben und es wurde vieles sehr viel leichter – weil sie sich für ihren eigenen Weg entschieden hatte und aus dieser Negativspirale herausgekommen war, immer nur empathisch mit anderen zu sein, aber nicht mit sich selbst.

Eine große Aufgabe stand aber noch vor ihr: Sie musste sich aus dem sehr abhängigen Verhältnis zu ihrer Mutter lösen. Die Eltern waren getrennt und Laura war nie ausgezogen, sondern bei der Mutter wohnen geblieben. Deshalb war sie aber allein schon durch die räumliche Nähe immer noch so stark in deren Energie, dass es ihr als EMPATHIN einfach nicht guttat. Laura fühlte sich zum Beispiel immer kontrolliert, wenn es um ihre Ernährung ging: Die Mutter musste gar nicht viel sagen, aber die Tochter spürte allein ihre Blicke und hatte das Gefühl, dass sie schon wieder zu viel aß oder das Falsche.

Ich ermutigte Laura dazu, eigene Wege zu gehen. Ich erklärte ihr, dass sie mit Anfang 20 auf jeden Fall das Recht hatte, zu sagen: »Ich ziehe jetzt aus.« Auch das hat sie geschafft: Sie nahm sich eine eigene Wohnung und nahm sofort die Veränderung wahr: Es war wahnsinnig erleichternd für sie, nur noch in ihrer Energie zu leben und nicht ständig den Emotionen einer anderen Person ausgesetzt zu sein.

Über Lauras Reitunfall haben wir natürlich ebenfalls im Coaching gesprochen, haben ihn bearbeitet und sie von den schlimmen Erinnerungen daran geheilt. Wir haben versucht, diesen Schicksalsschlag in etwas Positives umzuwandeln, indem sie sich fragen sollte: »Was für Erfahrungen habe ich dadurch gemacht? Was habe ich daraus lernen können?«

Der Unfall und der Wunsch, Pferde wieder sehen zu können, war für sie der eigentliche Impuls, ins Coaching zu kommen. Aber die Lösung lag darin, dass sie gelernt hat, als EMPATHIN auf sich zu hören und eine Eigenfürsorge zu entwickeln. Und dass sie viele andere Dinge in ihrem Leben veränderte, die auch sie verändert hatten.

Irgendwann schickte mir Laura ein Bild per WhatsApp, auf dem sie auf ihrem alten Reiterhof zu sehen war. Sie hatte sich getraut, dort wieder hinzufahren, hatte sich die Pferde angeschaut und die Atmosphäre auf dem Hof genossen – das Reiterleben fehlte ihr sehr. Einige Zeit später schickte sie mir tatsächlich ein Video, auf dem sie wieder auf einem Pferd saß, mit der Nachricht: »Schau mal! Ich kann es gar nicht glauben, dass ich das wieder mache. Aber ich wollte einfach das tun, was sich für mich richtig anfühlt …«

Das war so schön zu sehen und ich habe mich wahnsinnig für sie und mit ihr gefreut. Es war auch spannend, dass wir uns gar nicht an dem eigentlichen Problem festgebissen haben, sondern so viel verändern konnten, indem wir Laura zu einer »machenden EMPATHIN« geformt haben.

Als doppelte EMPATHIN, im Urtyp und im Isttyp, ist sie voller Fremdemotionen. Als Ausgleich braucht sie einen ganz kraftvollen Typ, den sie in der MACHERIN findet. Wenn sie die MACHERIN in ihr Leben integriert und Dinge einfach tut, dann funktioniert es auch.

Laura hatte immer den Traum, Autorin zu werden. Als sie im Studium ein Seminar bei einem Bestsellerautor belegte, ermutigte ich sie, ihm eine Leseprobe zu geben – ohne groß darüber nachzudenken, denn ganz ehrlich: Was konnte schon Schlimmes passieren, was konnte sie dadurch verlieren? Nichts. Sie tat es wirklich und überreichte ihm ohne viele Grübeleien ein Kapitel. Sein Feedback war großartig: Er fand toll, was sie geschrieben hatte, und sagte, sie solle dranbleiben und versuchen, das Manuskript an einen Verlag zu verkaufen.

Inzwischen hat sie das Buch fertiggeschrieben und möchte es nun auch einreichen. Das hätte sich die EMPATHIN nie erlaubt, sie wäre voller Zweifel gewesen: Schreiben nicht die anderen viel besser? Findet wirklich jemand gut, was ich mache? Es gibt doch so viele Autorinnen, warum sollte gerade von mir ein Buch verlegt werden? Aber Laura weiß jetzt: Immer, wenn sie die MACHERIN in ihr Leben integriert, kann das sehr positive Veränderungen bewirken. Sie nutzt also bewusst die Stärken der MACHERIN, wann immer sie diese braucht. Und das fällt ihr auch erstaunlich leicht: Weil sie in dem Moment nicht in dem Muster bleibt, das sie als EMPATHIN lebt, sondern weil sie sich aktiv dazu entscheidet, anders zu handeln. Und dabei das Bild der MACHERIN vor sich hat und eben so agieren kann, wie die MACHERIN es in einer konkreten Situation tun würde.

Ihr Bachelor-Studium hat Laura mittlerweile abgeschlossen, sie muss nur noch die Abschlussarbeit schreiben. Vor Kurzem war sie ein vorerst letztes Mal in meiner Praxis. Sie zieht weg, denn sie hat sich quasi aus dem Blauen heraus für ein Volontariat bei einer Zeitung im Norden beworben – sie hatte einfach die Bewerbung abgeschickt, ohne den Zweifeln der EMPATHIN in ihr großen Raum zu geben. Und nicht mal eine halbe Stunde, nachdem sie die E-Mail abgeschickt hatte, rief ihr Ansprechpartner an und sagte: »Ich finde Sie super, kommen Sie bitte unbedingt zum Gespräch zu uns!« Laura wusste zwar, dass es schwierig sein könnte, dort eine Wohnung zu finden, doch selbst das hat sofort geklappt. Das ist ebenfalls ein wichtiger Punkt: Wenn man auf dem richtigen Weg ist, ergeben sich die Dinge und fallen einem leicht.

Laura hat die MACHERIN mittlerweile sehr stark in ihr Leben integriert. Natürlich hat sie trotzdem immer noch viele Momente, in denen sie EMPATHIN ist, und erlebt auch weiterhin die Schwächen, die die EMPATHIN genauso hat wie jeder Soulwoman-Typ. Dann kommen ihr Zweifel, was andere über sie denken mögen, sie fühlt sich nicht gut, weil sie die Energien ihrer Umgebung aufnimmt, oder sie wertet sich selbst ab. Aber sie kann jetzt besser mit alldem umgehen. Weil sie gelernt hat, dass sie immer in sich hineinspüren darf, ob sie da wirklich gerade ihre eigenen Gefühle fühlt – oder die von anderen. Und dann merkt sie oft relativ schnell, wenn es eben nicht ihre Emotionen sind, die sie in sich trägt – und kann wieder aussteigen. Das gelingt ihr sehr leicht, wenn sie in die Rolle der MACHERIN schlüpft und das tut, was sich aus ihrer Intuition heraus gerade am besten anfühlt.

Das alles war harte Arbeit, aber gleichzeitig ging es auch recht schnell: In gerade mal knapp drei Jahren hat Laura ihr Leben komplett umgekrempelt: Sie ist jetzt eine selbstständige, erwachsene Frau, Volontärin und Buchautorin. Und sie reitet sogar wieder. Das alles hat sie in so kurzer Zeit geschafft. Man kann sehr schnell viel ändern. Vielleicht ist auch dein zweites Leben viel näher, als du dir das heute vorstellen kannst?

ANTJE, DIE STRATEGIN, DEREN MANN GING UND BEI DER DAS GLÜCK EINZOG

Antje ist eine geborene STRATEGIN. Sie hat jedoch ihre Kraft, Pläne zu machen, nahezu verdrängt, weil sie beruflich komplett die MACHERIN leben musste. Sie ist in die Fußstapfen ihres Vaters getreten, hat erst angefangen, in dessen Firma zu arbeiten, und diese später sogar von ihm übernommen. Um diese Rolle auszufüllen, brauchte sie sehr viel MACHERINNEN-Energie und hatte sich nahezu bis zur Selbstaufgabe für das Unternehmen aufgeopfert. Das funktionierte viele Jahre – und sie war auch glücklich damit. Trotzdem begann sie zu zweifeln, ob es richtig war, die Verantwortung im elterlichen Betrieb zu übernehmen, denn dadurch verlor sie den Kontakt zu sich selbst. Sie spürte, dass es mit ihrem Leben überhaupt nicht mehr rundlief. Sie spürte, dass eine Veränderung anstand – die sollte nur sehr überraschend in ganz anderen Lebensbereichen passieren.

Als hätte sie es geahnt, kam eins zum anderen: Sie lebte eigentlich seit vielen Jahren eine glückliche Ehe, aber plötzlich stand ihr Mann vor ihr und beichtete, dass er sich in eine Frau aus ihrem gemeinsamen Freundeskreis verliebt hatte. Von heute auf morgen machte er mit Antje Schluss, zog aus dem gemeinsamen Haus aus und ließ sie dort allein mit den Teenager-Kindern zurück. Eine Frau Mitte 50, die für immer mit ihrem Mann zusammenbleiben wollte, stand nun vor den Scherben ihrer Ehe. Antje war wirklich am Boden zerstört: Sie liebte ihn und es hatte für sie keinerlei Anzeichen gegeben, dass die Beziehung in Gefahr war. Sie hatte einfach nichts geahnt und deshalb saß der Schock tief. Sicherlich hatte es Vorzeichen gegeben, aber Antje steckte auch so in ihrem Hamsterrad des täglichen Ackerns und in ihren Strukturen fest, dass sie wahrscheinlich nicht die nötige Aufmerksamkeit dafür gehabt hatte, dass ihre vermeintlich glückliche Beziehung gefährliche Risse bekommen hatte.

Während sie nun versuchte, ihre Trauer über das Verlassenwerden zu überwinden, passierte jedoch auch in der Firma etwas Unerwartetes: Sie bekam ein sehr gutes Angebot für den Verkauf des Unternehmens. Sie hatte vorher nie darüber nachgedacht, ob sie verkaufen sollte, wollte sie das Familienerbe doch eigentlich selbst weiterführen und mit ihrer Kraft den Erfolg ausbauen. Aber jetzt spürte sie, dass alles anders war, als sie es geplant hatte.

Sie machte einen Termin in meiner Praxis aus, um gemeinsam mit mir ihre Gedanken zu sortieren. Sie saß erschöpft und ratlos vor mir und fragte mich: »Sarah, wer bin ich jetzt? Und wie kann es in meinem Leben weitergehen?« Nachdem wir errechnet hatten, dass sie eine STRATEGIN ist, wollte ich erst mal ihre visionäre Kraft aktivieren und fragte sie nach Bildern für ihr Leben. Ich ermutigte sie dazu, in sich zu gehen und zu überlegen: »Was sind denn eigentlich meine Lebensziele? Wofür brenne ich?« Solche eigenen Wünsche und Träume hatte Antje für die Firma völlig hintangestellt. Für sie hatte es viele Jahre lang wirklich nur »machen, machen, machen« gegeben – alles machen, damit es den Kindern gut geht und die gut versorgt sind und damit der Ehemann zufrieden ist. Als der jetzt so abrupt aus der Partnerschaft ausbrach, fühlte sich Antje im ersten Moment schrecklich alleingelassen und war enttäuscht darüber, dass alle ihre Mühen offenbar nicht wertgeschätzt wurden. Und zu ihren Visionen und Träumen hatte sie erst einmal keinen leichten Zugang. Sie sagte, über die hätte sie schon sehr lange nicht mehr nachgedacht. Sie waren ihr über das ganze Machen quasi abhandengekommen, sie hatte ihnen aber auch keinen Raum gegeben.

Das war jetzt im Coaching anders: Weit öffneten wir den Raum für Antjes Visionen und Träume. Und wir merkten, dass Antje die STRATEGIN und die VISIONÄRIN in ihrem Leben braucht, um ihre Wünsche zu spüren und in die Tat umzusetzen.

Antje kämpfte noch eine Zeit lang um ihren Ex-Mann – einer STRATEGIN fällt das leicht. Aber sie realisierte auch durch die Gespräche mit mir, dass sie gar nicht dem Mann hinterherlief, mit dem sie bis vor Kurzem noch eine Beziehung hatte – zumindest nicht ihm als der Mensch, zu dem er in den vergangenen Jahren geworden war. Sie hatte eher das Bild von dem Mann im Kopf, in den sie sich vor langer Zeit verliebt hatte. Der war er aber gar nicht mehr, auch er hatte sich verändert.

Ich habe Antje geholfen, diese Bilder loszulassen und sich der kraftvollen Rolle der STRATEGIN hinzugeben – ihrer ureigenen Energie. Denn die konnte ihr auch helfen, ihre Visionen in die Tat um-

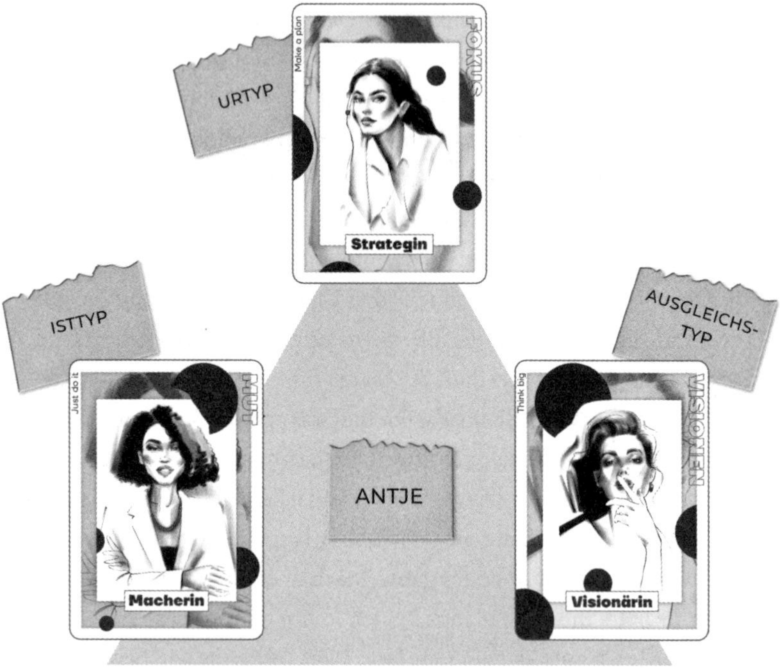

zusetzen. Diese Visionen hatte sie mir inzwischen verraten: Antje träumte davon, sich ein Leben in Portugal aufzubauen. Sie sah sogar schon das Haus vor sich, in dem sie wohnen würde: ein schönes Zuhause am Strand, mit dünnen weißen Vorhängen, die im Wind wehen.

Eine STRATEGIN versteht solche Wünsche und sie weiß, wie man sie Wirklichkeit werden lässt. Mithilfe jeder Menge STRATEGINNEN-Kraft schmiedete Antje also einen optimalen Plan: Sie ließ alles los, verkaufte die Firma zu einem sehr guten Preis und arbeitet nur noch ab und zu frei als Beraterin für das Unternehmen.

Auch das perfekte Haus in Portugal hat sie vermutlich gerade gefunden. Es liegt wirklich am Strand und wir sehen beide schon die weißen Vorhänge sanft in der warmen Brise des Atlantiks wehen.

Auch in Sachen Liebe hat sich Antje wieder geöffnet und in Portugal einen neuen Mann kennengelernt, der so wie sie dieses leichte Leben liebt.
Antje weiß heute, dass sie in der Firma ihres Vaters eine Rolle gelebt hat, die nicht ihrer wahren Natur entspricht. Sie wurde zur MACHERIN, weil sie dort täglich alles zusammenhalten und geradezu ihren Mann stehen musste. Ihr wurde im Coaching mit mir bewusst, dass sie in diesem Rahmen kaum die Möglichkeit hatte, ihre eigenen Visionen zu leben. Es wurde ja immer alles vorgegeben, ihr Terminkalender war voll und sie stolperte geradezu von einem Meeting zum nächsten. Als sie begann, sich selbst bewusst eine Perspektive zu schaffen, die ihr wirklich liegt, zog bei ihr das Glück ein.

KATHARINA, DIE VISIONÄRIN, DIE ERST DIE GROSSEN BERGE ÜBERWINDEN MUSSTE, UM DANN SELBST IN IHR EIGENES ABENTEUER ZU STARTEN

Ich lernte Katharina bei einer TV-Aufzeichnung kennen: Eine Klientin von mir hatte eine neue Show bekommen und ich hatte mich bereit erklärt, sie nicht nur hinter der Kamera dafür zu coachen, sondern auch gemeinsam mit ihr vor der Kamera für die Pilotsendung zu stehen. Katharina war die Visagistin, die mich für die Aufnahmen schminkte. Wir verstanden uns auf Anhieb, sie wirkte total sympathisch und interessant und wir unterhielten uns sehr gut. Als ich sie jedoch fragte, bei welchen Produktionen sie noch das Make-up machte, sackte sie in sich zusammen und wurde total traurig. Sie begann zu erzählen, dass sie fest für eine TV-Show gebucht war und

die Menschen dort auch alle sehr nett seien, aber dass sie immer wieder merke, dass ihr Job eigentlich nicht das war, was sie sich für ihr Leben wünschte. Auf die Frage, wie sie sich denn ihr Traumleben ausmalte, wusste sie keine Antwort. Ich spürte gleich, dass sie sich gar nicht traute, sich etwas anderes vorzustellen, weil sie in der Vorstellung festhing, dass sie gar nicht ausbrechen könnte – ein festes Engagement gibt man schließlich auch nicht so einfach auf. Sie gab sich selbst nicht die Erlaubnis, groß zu denken und für sich eine Vision zuzulassen. Dabei war genau das ihre größte Stärke: Ideen zu sehen und sie Wirklichkeit werden zu lassen.
Ich blieb hartnäckig und hakte nach, was sie glücklich machen würde. Dabei erklärte ich ihr, dass es ganz wichtig sei, dass sie sich selbst die Erlaubnis dazu gab, ihre Träume zu benennen und auszuleben. Und so kam es langsam aus ihr heraus, dass sie gerne Menschen helfen würde. Wenn die Leute in der Maske vor ihr saßen, dann entstanden dort oft schnell sehr tiefgründige Gespräche. Katharina war für eine Stunde eine enge Vertraute, der die Menschen auch schwierige Themen anvertrauten. Sie liebte das und war dann immer völlig in ihrem Element. In diesen Momenten saugte sie alles auf wie ein Schwamm und wollte am liebsten direkt mögliche Lösungen entwickeln, die Träume dieser Menschen sehen und real werden lassen. Aber sie kam eben gar nicht groß dazu, auf das, was ihr da berichtet wurde, zu reagieren, einfach weil die Zeit immer so knapp und es auch nicht der richtige Ort dafür war. Sie wollte so gern einen Schritt weiter gehen und diesen Menschen helfen, sie beraten und sie auf dem Weg zu Lösungen begleiten, erzählte Katharina. Und gerade, als sie mir das offenbart hatte, war es bei uns genauso: Ich war fertig geschminkt und musste ins Studio.
Später kam Katharina aber noch einmal auf mich zu. Unser Gespräch habe sie nicht losgelassen und etwas in ihr ausgelöst, meinte sie zu mir, und fragte mich, ob sie sich für ein Coaching bei mir mel-

den dürfte. »Du hast recht mit dem, was du vorhin gesagt hast«, sagte sie. »Ich muss mir wirklich selbst die Erlaubnis geben, meine Träume in die Tat umzusetzen.«
Katharina ist als VISIONÄRIN geboren worden. Es liegt also in ihrer Natur, groß zu denken und große Projekte zu haben – diese aber auch zu verwirklichen und zu leben. Als sie das in der Arbeit mit mir zugelassen und für sich empfangen hatte, spürte sie, dass sie sich das auch erlauben durfte. Allein zu erfahren, dass die VISIONÄRIN ihre Soulwoman ist, hat sie darin unterstützt und ihr klar gemacht: Ich darf genau so sein! Ich sollte es sogar, um mir selbst gerecht zu werden.
Nach zwei Coachingstunden meldete sich Katharina zunächst nicht wieder, schrieb mir aber wenige Wochen später eine Nachricht, dass sie beschlossen hatte, sich beim Fernsehen eine Auszeit zu nehmen, um den Sommer in Frankreich zu verbringen. Nach zwölf Jahren im Beruf erlaubte sie sich zum ersten Mal solch eine Pause; sie wollte runterkommen und überlegen, was sie wirklich wollte. Ich schrieb ihr, wie toll sich das anhörte, und wünschte ihr eine wunderschöne Zeit. Sie sollte aber nicht lange dort bleiben …
Katharina hatte mir auch erzählt, dass sie immer dachte, sie sei zu viel – vor allem für die Männer. Sie empfand sich selbst als Problem: als die, die zu viel verlangte, zu viel wollte, zu viel war. Sie hatte den Druck, der dadurch in ihr entstanden ist, über immer ausgefallenere Sportaktionen abgebaut und beinahe jede Woche eine andere Disziplin getestet. Jede Woche konnte ich auf Instagram sehen, wie sie im Gebirge unterwegs war und immer anspruchsvollere Touren meisterte. Ich war gleichermaßen fasziniert wie irritiert, was sie damit in ihrem Leben bezwecken wollte. Wenn jemand etwas sehr extrem betreibt, dann kann das ein Indiz dafür sein, dass er etwas kompensieren will oder vor Themen in seinem Leben wegläuft. Katharina hatte sich ganz klar zur MACHERIN entwickelt und powerte sich

im Sport aus – mit einer Energie, die sie als geborene VISIONÄRIN gar nicht hat.
Statt nun in Frankreich zur Ruhe zu kommen, meldete sie sich dort für einen Job in einem Kitesurfing-Camp an. Doch schon am ersten Abend stand sie am Strand, schaute in den wunderschönen Sonnenuntergang – und spürte ein massives Unwohlsein. Weil ihr bewusst wurde, dass das alles noch weniger erfüllend und bedeutungsvoll war als ihr Job als Visagistin in Deutschland. Ihre Emotionen überwältigten sie, sie bekam Angst und Panik. So sehr, dass sie kurzerhand ihre Sachen packte und einfach abhaute, bevor sie überhaupt ihren ersten Arbeitstag begann.
Zurück in Deutschland, rief sie mich an und sagte: »Ich weiß jetzt sicher, dass es so nicht weitergeht. Ich möchte wirklich meinen Träumen und Visionen nachgehen. Ich muss mein Leben ändern und jetzt bin ich bereit dafür.« Katharina denkt jetzt auch darüber nach, sich in meinem nächsten Kurs als Spirituelle Coachin ausbilden zu lassen, weil sie Menschen dabei begleiten will, ihr Glück zu finden – und zu erkennen, was dieses Glück ist. Sie selbst fing damit an, dass sie für sich einstand und ihre wahre Natur lebte.
Durch ihren Job als Visagistin integrierte sie fast wie von selbst die NETZWERKERIN in ihr Leben. Ihre Kontakte und die Erfahrungen aus den vielen Gesprächen, die sie dort führt, geben ihr Sicherheit und neue Impulse – ein toller Ausgleich und die Chance, sich mit ihrer Persönlichkeit, ihrer Kommunikationsfähigkeit und ihrem Charme zu spüren. Das nimmt ihr den Druck, MACHERIN sein zu müssen.
Und seit sie weiß, dass sie eine geborene VISIONÄRIN ist, ist ihr bewusst, dass sie sich erlauben darf, groß zu denken, dass sie ihren Visionen Raum geben, sie ernst nehmen und in ihr Leben integrieren darf. Natürlich hat jede Frau das Recht dazu, groß zu denken und ihre Träume umzusetzen. Hier ist damit nur gemeint, dass die

VISIONÄRIN es sogar tun muss, weil sie nur so in ihre wahre Soulwoman-Kraft kommt.

JULIANE, DIE NETZWERKERIN, DIE SICH ERLAUBTE, DIE STRATEGIN IN IHR LEBEN ZU HOLEN, UND DAMIT IHRE GANZE FAMILIE GLÜCKLICH MACHTE

Juliane ist Journalistin, Anfang 40, und lebt mit ihrem Mann und zwei Kindern im Grundschulalter in einer schönen Wohnung in einer tollen Stadt. Sie arbeitet selbstständig, hat enge Freundinnen und einen Hund, mit dem sie viel draußen unterwegs ist. In ihrer ersten Coachingstunde bei mir sagte sie: »Ich weiß auch nicht, was mit mir los ist. Eigentlich ist alles nahezu perfekt in meinem Leben: Ich habe eine tolle Familie, liebe meinen Mann und bin happy mit meinem Job. Trotzdem bin ich häufig so unzufrieden. Alles könnte so schön sein oder eigentlich ist es das auch, trotzdem frisst der Alltag mich so auf mit den unendlich vielen Dingen, die immer zu tun sind. Das macht mich unglücklich. Und gleichzeitig schäme ich mich fast dafür, denn anderen geht es doch viel schlechter. Wie kann ich unglücklich sein, obwohl doch eigentlich alles bestens läuft?«

Als sie mir davon berichtete, wie vollgepackt eine normale Woche bei ihr war und wie sie sich jeden Tag durch ihre To-do-Liste rackerte, klang das für mich sehr danach, dass sie eine MACHERIN lebte. Da sie gesagt hatte, dass sie unglücklich sei, hatte ich aber das Gefühl, dass sie wahrscheinlich komplett in einer anderen Rolle lebte als in ihrer eigenen. Ohne ihr zu sagen, welche Soulwoman sie derzeit wahrscheinlich lebte, erzählte ich ihr die Geschichte von der Bergtour der fünf Frauen.

»Ich bin dann wohl die MACHERIN«, sagte Juliane danach, mit einem leicht unsicheren Gesichtsausdruck. Aus den Geburtsdaten, die sie mir vor unserem Termin geschickt hatte, errechneten wir jedoch, dass sie eine geborene NETZWERKERIN ist. Als ich sie fragte, ob sie sich mit der NETZWERKERIN in der Erzählung identifizieren könne, schüttelte sie energisch mit dem Kopf. »Nein, auf keinen Fall«, meinte sie. »Es schreckt mich sogar eher ab, wenn Leute immer nur ihre Kontakte bemühen, statt selbst Lösungen für ihre Probleme zu finden, oder wenn sie an alle heiße Tipps verteilen. Wenn sie etwa in ein Hotel fahren, nur weil das Freunde empfohlen haben, oder den erstbesten Job annehmen, weil in der Firma eine entfernte Bekannte arbeitet. Wenn jemand sagt ›Ich kenn da jemanden, der … ‹, verdrehe ich innerlich die Augen.« Ich fragte noch mal genauer nach, ob sie nicht trotzdem etwas mit dem Typ anfangen könne, und Juliane sagte: »Ja, ich kann das schon gut, Leute vernetzen. Aber irgendwie macht mir das derzeit einfach keinen Spaß.« Ich erklärte ihr, dass es völlig in Ordnung sei, dass sich ihr Urtyp gerade nicht passend für sie anfühlte. Vielen meiner Klientinnen ging es so, dass sie gerade in einer anderen Rolle steckten und eine andere Soulwoman lebten als ihre eigene. Weil sie eben an diesem Punkt eine andere brauchten. Gemeinsam mit Juliane überlegte ich, welche Energie ihr helfen würde, um aus dem Trott und der Überforderung herauszukommen. Schließlich erklärte Juliane: »Die STRATEGIN fand ich in deiner Geschichte richtig gut. Die ist tough, findet Lösungen und darf auch aktiv werden, wie die MACHERIN. Ein Stück weit bin ich schon MACHERIN, das stimmt, aber eigentlich ist die STRATEGIN das, was mir derzeit wirklich helfen würde.« Und so merkten wir, dass Juliane von Grund auf zwar eine NETZWERKERIN sein mochte und es sicher auch zu ihren Stärken zählen konnte, dass sie Menschen miteinander vernetzte und ihr Wissen teilte. Wir sahen zudem, dass sie auch Anteile der MACHERIN in sich trug. Und wir stellten fest, dass sie derzeit als STRATEGIN am meisten in ihrer Kraft wäre und dass sie sich deshalb die Erlaubnis geben durfte, jetzt STRATEGIN zu sein.

Juliane ging mit dieser Idee nach Hause und erzählte mir in unserer nächsten Sitzung ganz begeistert eine Anekdote, die zeigte, was es mit ihr gemacht hatte: »Wir haben am Wochenende den Kindergeburtstag meiner Tochter gefeiert und das ist immer super stressig. Mein Mann zieht da gut mit, aber ich bin trotzdem die, die alles im Kopf hat. Wir wollten in ein Museum und mit dem Taxi dorthin fahren. Dann gab es aber keins, in das alle Kinder gepasst hätten, weil kurzfristig ein Kind mehr kam als geplant, und die Eltern nicht genug Kindersitze mitgegeben hatten. Ich musste also schnellstens umplanen und überlegen, wie wir alle dorthin fahren können. Die rettende Idee war unser Lastenrad als zweites Gefährt. In meinem

Kopf ratterte es also, ich bin ganz fix durchgegangen, wie viele Kinder in unser Auto passen und wie viele ins Lastenrad. Die Mädchen riefen alle durcheinander, wer mit wem fahren und wo sitzen will. Das habe ich natürlich alles einkalkuliert – während ich die Kinder bei einem Spiel betreut habe, bei dem die Geschenke ausgepackt wurden, und parallel dazu meinem Mann erklärte, welche der Gäste er mitnehmen, wo genau er sie hinfahren und wann wieder abholen sollte, denn wir mussten bald los. Während ich in meinem Kopf alles genau durchdachte, fragte er mich mehrmals nacheinander, wer wo mitfährt und wo er parken solle, warum wir nicht mit zwei Taxis fahren könnten und so weiter. Ich musste alles mehrmals sagen, weil er offenbar nicht so schnell hinterherkam. Und ich wusste zwar Antworten auf all diese Fragen, es war ja alles in meinem Kopf, aber irgendwann dachte ich: ›Stopp! Hör einfach auf zu fragen und mach, was ich sage!‹ Und genau das habe ich dann auch zu ihm gesagt.«
Juliane hielt inne und schaute mich mit einer Mischung aus Scham, Stolz und einem leichten Grinsen an: »Ich hab noch ein ›Bitte!‹ hinterhergeschoben, aber meine Ansage war in dem Moment ziemlich forsch. Das geht natürlich gar nicht, ich weiß …«
Ich musste herzlich lachen über diese skurrile Situation, denn ich stellte mir vor, wie ihr Mann sicher irritiert war über seine Frau, die so eine Ansage machte. Doch wahrscheinlich spürte er gleichzeitig bereits, dass da viel Wahres dran war. So erklärt es auch Juliane: »Ich habe es ganz bestimmt gesagt, weil ich mir einfach sicher war, dass ich einen guten Plan entworfen hatte, der funktionieren wird. Und dass es für alle gut ist, wenn sie dem einfach folgen. Ich hab mich später auch entschuldigt, weil ich so schroff zu ihm war in dem Moment. Aber weißt du was, Sarah: Ich hab mich richtig gut gefühlt. Ich war einfach die STRATEGIN, die einen Plan macht, weil sie das gut kann. Deshalb war es auch nicht stressig, sondern hat sogar Spaß gemacht, dass ich ›den Hut‹ aufhatte und gesagt habe, wie es gemacht

wird in dieser Situation. Und am Ende ist ja auch alles aufgegangen und alle waren glücklich.«

Juliane beschrieb es als ein Aha-Erlebnis, dass sie gespürt hatte, dass sie in solchen Momenten die Führung übernehmen darf, weil ihre Strategie allen hilft. Sie hatte festgestellt, dass sie das wirklich gut kann: Pläne schmieden, die für alle passen und jeden schnell ans Ziel bringen. Sie erzählte, dass es für sie zuvor immer sehr anstrengend gewesen sei, dass sie als Mutter fast automatisch sowieso alles organisierte, damit aber auch ein Stück weit immer ihrer Familie »vorschreiben« musste, was sie zu tun hatten. Wenn sie sich aber zurücknahm, gingen viele Dinge schief, weil keiner richtig verantwortlich war. Jetzt, wo sie sich die Erlaubnis gegeben hatte, die STRATEGIN in der Familie zu sein, wurde ihr aber bewusst, dass es allen guttat, wenn es sehr klare Strukturen gab – und die musste jemand schaffen. Ihr Mann war zwar auch erst irritiert von den Ansagen, die sie nun regelmäßig machte. Aber als er sich bewusst machte, dass er ihr vertrauen und das Feld überlassen konnte, wurden bei ihm auch wieder Ressourcen frei: Er konnte andere Aufgaben im Haushalt übernehmen. Während vorher beide irgendwie ein bisschen alles gemacht hatten von Wäsche waschen bis kochen, verteilte Juliane nun die Aufgaben neu. Dabei berücksichtigte sie ganz automatisch, was wer von ihnen beiden gerne machte, besser konnte oder wofür der jeweils andere mehr Zeit hatte. Und sie bezog auch die Kinder mehr ein. So kam eine neue Struktur in den Alltag der Familie, die allen guttat.

Juliane erzählte mir, dass ihr darüber auch bewusst geworden war, dass sie feste Strukturen lange als »spießig« empfunden hatte und dachte, dass diese sie nur einschränken würden. Jetzt merkte sie, wie viel besser sie sich damit fühlte – und wie die Strukturen ihr sogar Freiheit schenkten. Weil sie sich viel gelassener darauf konzentrieren konnte, was jeweils zu tun war, und weil sie eins nach dem anderen erledigte und dann auch mehr freie Zeit zum Entspannen hatte. Die Aufgaben waren ja schließlich irgendwann klar erledigt.

Ein Wunsch von Juliane war beispielsweise, sich gesünder zu ernähren. Im stressigen Alltag ging das oft unter, und wenn sie sich durch den Tag gesnackt hatte, weil nichts vorgekocht oder vorgeplant war, gab es kurz vor dem Abendessen immer wieder die Frage: »Was kochen wir heute?« Alle waren dann bereits hungrig und schon schlecht gelaunt, schnell musste etwas Essbares auf den Tisch, und es ging in der Küche drunter und drüber. Für sie war das purer Stress und immer wieder ein Grund, sich zu ärgern. Heute, da sie weiß, dass sie eine STRATEGIN ist, plant sie die Woche einfach komplett vor. Das hatte sie früher nie gemacht, weil sie auch hier dachte, dass es doch alle nervig finden müssten, schon am Sonntag zu wissen, was sie am Donnerstag essen sollten. Sie hatte ihre Familie nie gefragt, was die davon halten würde, das war einfach in ihrem Kopf. Und diese Überzeugung hielt sie davon ab, eine Strategie für alle zu entwerfen. Jetzt traute sie sich das und es machte ihr sogar noch Spaß.

Sie entschied, dass es am besten funktionierte, wenn sie bestimmte Gerichte für die Woche vorsah, dabei aber offenhielt, was genau wann gekocht wurde. Heute kommt bei Julianes Familie immer am Montagmorgen die Lebensmittellieferung vom Supermarkt mit den Zutaten für die folgenden Tage. Gleich am Montag essen sie nun Salat, um die ganz frischen Zutaten zu verbrauchen. Am Dienstag wird Gemüse mit Reis gekocht – und der Rest des Salats vom Vortag wird als Vorspeise dazu gegessen. Am Mittwoch gibt es Brot mit Belag (weil da wenig Zeit bleibt, die Kinder müssen von Sportkursen abgeholt werden und Juliane belegt jetzt am Abend wieder einen Sprachkurs, für den sie neu Zeit gefunden hat). Am Donnerstag probieren sie immer ein neues Rezept aus und am Freitag bestellen sie beim Lieferservice, worauf sie gerade Lust haben. Das funktioniert für alle gut, sie werfen kaum mehr Lebensmittel weg und die Familie kommt entspannt am Abend zusammen. Die Kinder können auch leichter mithelfen: Wenn sie schon wissen, dass sie am Montag zum Beispiel Tomaten, Gurken und Paprika schneiden können, holen sie sich von selbst Brettchen und Messer und fangen an, von der Schule oder ihren Freunden zu erzählen, während sie schälen und schnippeln.

Am ersten »Salat-Tag« war die fast magische Wirkung dieser Strukturen für Juliane schon voll zu spüren: Nachdem sie koordiniert hatte, wer welche Aufgaben übernimmt – von Zutaten vorbereiten über Geschirrrausholen bis Getränke auf den Tisch stellen –, saßen sie zu viert am Tisch und waren alle entspannt und gelöst. So entstanden sehr schöne Gespräche. Auch Juliane und ihr Mann kamen dazu, sich über ihren Tag auszutauschen, und es herrschte einfach eine entspannte, angenehme Atmosphäre.

Nach dem Essen sagte der elfjährige Sohn: »Mama, das war richtig schön! Das war das beste Abendessen, das wir je hatten.« Der Junge ist sehr emotional und spricht häufig und gern über seine Gefühle, aber diese Aussage machte Juliane sowohl glücklich als auch ein bisschen wehmütig. Sie warf sich vor, dass sie es nicht eher geschafft hatte, so eine Ruhe in den Alltag der Familie zu bringen. Auch hier ist die Erlaubnis wichtig: Ich ermutigte sie dazu, die Vergangenheit anzuerkennen und sich auch zu erlauben, dass sie das bis jetzt einfach nicht geschafft hatte. Das versöhnte sie mit dem, was bisher war. Und sie konnte sich aus vollem Herzen darüber freuen, dass sie jetzt für sich die Kraft der STRATEGIN in sich entdeckt hatte und sie als Familie einen neuen Weg einschlagen konnten.

Spannend finde ich an solchen Geschichten auch, dass man sieht, welche positiven Auswirkungen es auf die Mitmenschen haben kann, wenn man selbst eine Soulwoman bewusst lebt: Sobald man sich die Erlaubnis gibt, in der eigenen Kraft zu sein, gelingt das auch allen um einen herum. Julianes Sohn fühlte sich offensichtlich auch freier und gesehen, er konnte von den Themen erzählen, die ihm wichtig sind, und das machte auch ihn glücklich.

Den Zugang zu ihrem Urtyp, der NETZWERKERIN, fand Juliane übrigens auch wieder: In einer unserer weiteren Sitzungen sagte sie mir, dass sie sich für ein Frauennetzwerk-Event angemeldet hatte. Denn ihr war bewusst geworden, dass sie den Kontakt zu anderen natürlich gern mochte und dass sie gern Menschen einander vorstellte, Rat gab, Kontakte empfahl – und auch selbst dadurch Unterstützung erfahren konnte. Sie war eigentlich schon immer die, die alle im Freundeskreis um Rat gefragt haben, wenn sie ein gutes Restaurant, einen Arzt oder eine Yogalehrerin gesucht haben. Aber erst seit Juliane diese Strukturen im Alltag für sich geschaffen hatte, hatte sie überhaupt wieder die Möglichkeit, sich dafür zu öffnen. Und nun baut sie sich zunehmend neue Kontakte auf, die auch wieder mehr Halt und neue Impulse in ihr Leben bringen können.

SOPHIE, DIE MACHERIN, DIE ZWEI GEHIRNTUMORE ÜBERLEBTE UND IHRE GROSSE LIEBE FAND

Sophie hatte mit Anfang 20 bereits die zweite Operation am Gehirn hinter sich: Ein bösartiger Tumor musste entfernt werden und dann noch ein Rezidiv. Nach Chemotherapien und mehrmaliger Bestrahlung konnten die Ärzte nun erst mal nichts weiter für Sophie tun. Der betreuende Oberarzt empfahl ihr, sich bei mir mentale Unterstützung zu holen. So saß sie jetzt in meiner Praxis – und weinte bitterlich. Ihr dringendster Wunsch war natürlich, dass nie wieder ein Tumor in ihrem Kopf wachsen würde, denn dann gäbe es kaum eine Heilungschance mehr. Zudem litt sie auch sehr darunter, was die Krankheit optisch mit ihr gemacht hatte: Sophie war eine junge, hübsche Frau mit langer blonder Mähne. Doch auf der rechten Seite ihres Kopfes prangte eine große kahle Stelle, denn dort wuchsen nach den Operationen keine Haare mehr nach. Die Ärzte sagten, dass sie eine Haartransplantation bekommen könne – jedoch erst, wenn sie zwei Jahre lang krebsfrei sei. Neben dem großen Ziel, dass sie für immer gesund bleiben würde, war das unser Zwischenziel: zwei Jahre lang ohne weiteren Befund zu sein.
Ich errechnete Sophies Urtyp: Sie war eine MACHERIN. Doch sie lebte ihre ureigene Soulwoman zu diesem Zeitpunkt so gar nicht, sondern war voll in der Rolle einer EMPATHIN, die sich nur um ihre Mitmenschen sorgte statt um sich selbst. Damit hatte sie auch

im wahrsten Sinne des Wortes »den Kopf voll« mit den Energien ihrer Umgebung, und zwar nicht nur privat, sondern auch in ihrem Job als Finanzbeamtin, wo sie sich mit nüchternen Steuerangelegenheiten beschäftigte und immer schaute, dass sie es allen recht machte.

Als wir über ihre private Lebenssituation sprachen, wurde schnell klar, dass sie in einer sehr toxischen Umgebung lebte. Sie wohnte noch zu Hause bei ihren Eltern, gemeinsam mit ihrer Schwester, die eine psychische Erkrankung hatte. Sophie wurde in dieser Familie von den anderen zur EMPATHIN gemacht, die stets für alle Mitgefühl haben sollte. Sie musste ihrer Mutter Trost spenden und sie immer unterstützen, genau wie den Vater und die Schwester – ob es um finanzielle Angelegenheiten, berufliche To-dos oder die vielen Herausforderungen des Alltags ging. Dabei hatte Sophie auch eigene Themen: Sie war hoffnungslos in einen Kollegen verliebt, der jedoch abgeschreckt war von der Situation, in der sie lebte, und der auch mit ihrer Krankheit überfordert war. Er fand sie sehr sympathisch, aber wollte erst mal nur eine Freundschaft mit ihr. Für Sophie war das schlimm, weil ihr Herz wirklich sehr laut für ihn schlug.

Im Coaching reaktivierten wir zuerst Sophies MACHERINNEN-Kraft. Denn wenn eine MACHERIN auf Dauer EMPATHIN sein muss, kostet sie das sehr viel Energie und bringt sie schnell an ihre Grenzen. Wir erweckten das wieder, was Sophies ureigener Stärke entsprach: ihre große Umsetzungskraft und auch ihre Intuition. Sophie war unterbewusst schon lange klar gewesen, dass sie sich aus ihrer Familiensituation befreien und in eine eigene Wohnung ziehen musste. Finanziell war das kein Problem für sie, schließlich hatte sie ja einen sicheren Job. Nur an der Umsetzung hatte es bisher immer gehakt: Sophie hatte sich nicht erlaubt, diesem Wunsch nachzugehen. Ihre Familie hat es ihr auch nicht leicht gemacht: Die Mutter sagte immer wieder, sie dürfe nicht gehen.

Ich bestärkte Sophie dennoch sehr darin, ihr Leben in die Hand zu nehmen. Ich erklärte ihr, dass sie jedes Recht der Welt hatte, ein eigenes Leben zu leben. Schließlich packte sie ihre Sachen und verließ in einer Nacht-und-Nebel-Aktion ihr altes Zuhause. Vorher hatte sie sich heimlich eine Wohnung angemietet.
Das Ganze fiel ihr plötzlich gar nicht mehr schwer: Die Wohnungssuche, das Unterschreiben des Mietvertrags und schließlich der Umzug gingen ihr erstaunlich leicht von der Hand. Das alles war so einfach, weil sie das erste Mal in ihrem Leben komplett in ihre Kraft als MACHERIN gegangen war. Vorher hatte sie sich immer Sorgen gemacht und ewig darüber gegrübelt, ob sie das alles schaffen würde, hing in Zweifeln und Sorgen fest. Nun hatte sie Tatsachen geschaffen. Und sie hatte am eigenen Leib gespürt, wie gut es sich anfühlte, in der wirklich eigenen, wahren Kraft zu sein.
Mir fiel auf, dass Sophie bisher kaum ein soziales Umfeld außerhalb ihrer Familie aufgebaut hatte. Sie war so beschäftigt damit gewesen, das Leben ihrer Mutter und ihrer Schwester zu organisieren, dass da gar kein Raum blieb, um eigene Kontakte aufzubauen und zu pflegen. Also integrierten wir die Stärken der NETZWERKERIN in ihr Leben und schauten, dass sich Sophie ein soziales Netz aufbaute. Dazu gehörte unter anderem, dass sie jetzt häufiger etwas mit ihrem Schwarm unternahm. Dem fiel natürlich auf, dass es große Veränderungen in ihrem Leben gegeben hatte. Auf einmal wollten sich auch Arbeitskolleginnen mit ihr verabreden und sie wurde im Beruf von ihren Vorgesetzten stärker gesehen, anerkannt und respektiert. Ihr Schwarm interessierte sich immer mehr für sie und zwischen den beiden hat sich tatsächlich eine Beziehung entwickelt.
Den wichtigsten Erfolgsmoment hatten wir, als Sophie zur nächsten Krebsnachsorge-Untersuchung ging und in den Aufnahmen nichts Neues zu sehen war. Sophie war also gesundheitlich stabil und die Ärzte bekräftigten noch einmal, dass eine Haartransplantation bald

möglich sei. Das war ihr nach wie vor sehr wichtig, denn sie litt wirklich unter der kahlen Partie an ihrem Kopf, die sie vor ihren Mitmenschen kaum verbergen konnte und die sie selbst auch jeden Tag an die schweren Zeiten mit ihrer Krankheit erinnerte.

Mental kam Sophie immer mal wieder ins Stolpern. Dann saß sie bei mir in der Praxis und war am Grübeln: »Schaffe ich das alles? Gehen meine Pläne wirklich auf?« Sie wurde auch wieder schwach, wenn ihre Mutter anrief und sie um einen Gefallen bat: Diese hatte nämlich trotz der räumlichen Distanz viele Male versucht, die Tochter in ihre alte Rolle zu zwingen.

Das ist übrigens ganz normal: Das Umfeld ist daran gewöhnt, wenn jemand eine Rolle längere Zeit ausgefüllt hat. Tut er oder sie es dann plötzlich nicht mehr, ist es für die Person selbst in der Regel gut, für das Umfeld jedoch erst mal irritierend und unbequem. Deswegen muss uns klar sein, dass, wenn wir uns verändern, die Menschen um uns herum uns immer wieder – wenn auch unbewusst – in unsere alte Rolle zurückdrängen wollen. Weil sie davon profitieren, wenn alles so bleibt, wie es war.

Wenn Sophie Zweifel kamen, saß sie immer wie ein Häufchen Elend vor mir und war am Boden zerstört. »Das wird doch alles nichts! Ich vereinsame in meiner Wohnung. Der Mann, in den ich verliebt bin, will mich nicht. Ich bin total unglücklich ... «, sagte sie dann.

Wir gingen in der gemeinsamen Arbeit immer wieder in das Thema hinein und sagten: »Du machst es jetzt einfach. Du baust dir weiter ein soziales Umfeld auf, damit du unter Leute kommst und daraus ein Netzwerk erwächst.« So fand Sophie immer wieder auf den für sie richtigen Weg zurück, und die Rückfälle traten seltener auf. Weil sie auch für sich immer wieder erkannte, dass sie eben keine EMPATHIN war und dass es nur unnötig viel Energie zog, wenn sie versuchte, eine zu sein.

Sophie hat es geschafft, weniger auf die emotionalen Forderungen ihrer Familie einzugehen. Sie hat aber zum Beispiel stattdessen ein tolles Verhältnis zu ihren Großeltern aufgebaut. Denn sie hatte sich – typisch NETZWERKERIN – überlegt, wer ihr guttut und wirklich ihre Familie ist, und das waren ihre Großeltern.

Schließlich waren wirklich zwei Jahre ins Land gegangen, Sophie war immer noch krebsfrei und bekam die Haartransplantation. Das tat ihr sichtlich gut, sie fühlte sich wieder wohl in ihrer Haut. Sie kam ganz stolz zu mir, und ich konnte ihr ansehen, wie viel Energie es ihr auch noch einmal gab. Sie konnte komplett in ihre MACHERINNEN-Kraft gehen. Sie nahm sich ein Herz und sagte ihrem Schwarm, dass sie in ihn verliebt ist. Und er erkannte ebenfalls, dass da mehr war als nur Freundschaft: Er hatte sich auch in sie verliebt!

Ab da ging alles unfassbar schnell. Jedes Mal, wenn ich Sophie von nun an sah, war wieder ein riesengroßer Meilenstein getan, es gab immer große Nachrichten: Erst kauften sich die beiden zusammen ein Haus, beim nächsten Mal prangte der Verlobungsring an ihrem Finger und mittlerweile ist sie nicht nur langfristig gesund, sondern ich habe auch vor Kurzem Hochzeitsfotos von ihr gesehen. Darauf sitzt sie – frisch getraut – mit ihrem Mann in Las Vegas in einem Burger-Restaurant.

Ein großer Traum von Sophie war es noch, einen Hund zu haben. Ihr Mann wollte das aber so gar nicht. So rutschte Sophie wieder in die EMPATHINNEN-Grübelei und nahm zu viel Rücksicht auf alle anderen. Ich erinnerte sie dann daran, dass sie als MACHERIN schon alles tun wird, damit das gut klappt, und dass man für alles im Leben Lösungen finden kann. Wenn sie diesen Hund zu 100 Prozent haben wollte, solle sie nicht darüber nachdenken, was eventuell irgendwann irgendwie passieren könnte.

Sie hatte schon einen Welpen im Auge und wagte es einfach – und dieses süße Hündchen macht sie nun vollends glücklich. Außerdem sehe ich auf Instagram immer nur ihren Mann mit dem kleinen Kerl auf dem Schoß. So viel zu dem Thema, dass er keine Hunde mag …

Sophie ist heute absolut happy und der Hund unterstützt sie auch darin, die MACHERIN auszuleben: Sie muss mit ihm spazieren gehen und sich kümmern – das muss einfach alles gemacht werden und bringt sie regelmäßig aus dem Gedankenkarussell heraus, in das sie manchmal immer noch gerne einsteigt. Ein Tipp also für alle, die in ihre MACHERINNEN-Kraft kommen wollen, ist: Schafft euch einen Hund an!

SCHLUSSWORT: WIE 30 MINUTEN IN SINGAPUR MEIN LEBEN VERÄNDERT HABEN

Ich habe dir am Anfang des Buches von der Wichtigkeit eines life-changing moments erzählt, wie er uns verändern und beeinflussen kann, und wie er uns hilft, den Mut aufzubringen, alles zu überdenken und sich selbst und sein Leben zu reflektieren. Was ich dir allerdings bis jetzt vorenthalten habe, ist, dass ich selbst vor ein paar Jahren genau solch einen Moment erlebt habe. Dieses Buch, mein absolutes Herzensbuch, darf nicht enden, ohne dass ich dir von meiner Geschichte erzähle.

Ich fuhr auf eine Konferenz nach Singapur. Meine Tochter war damals sechs Monate alt. Für die Konferenz zugesagt hatte ich schon, als ich noch mit ihr schwanger war, ohne vorauszusehen, wie schwer mir der Abschied von ihr fallen würde – auch wenn es nur für ein paar Tage war und ich sie nicht besser versorgt hätte wissen können als in den Händen meiner wundervollen Eltern. Wenn ich erst nach der Geburt hätte zusagen müssen, hätte ich mich sicherlich nicht für diese Reise entschieden, die mich vierzehn Flugstunden von meinen Kindern trennte. So war aber schon alles gebucht und bezahlt und irgendetwas wollte wohl auch, dass ich dorthin fahre. Ich habe in meinem Leben schon länger das Vertrauen in die sogenannten Zufälle, die natürlich niemals welche sind. Und so wusste ich auch diesmal, dass ich an dieser Konferenz teilnehmen musste und es eine wichtige Reise für mich werden würde – wenn ich auch nicht ahnen konnte, wie wichtig!
In Singapur angekommen, erwartete mich eine Weltkonferenz für Persönlichkeitsentwicklung mit unfassbar tollen Menschen. Eine

spektakuläre 180-Grad-Bühne vermittelte einem das Gefühl, mittendrin zu sein. Vollkommen bewusst wurde mir das, als plötzlich ein Speaker aus den USA auf die Bühne kam, der einfach nur still dort oben stehen blieb und wortlos einen Trailer startete. Es folgten gefühlt endlos lange Minuten mit Porträtaufnahmen von Sterbenden in Schwarz-Weiß. Ich sehe diese Bilder bis heute vor mir: riesengroße Aufnahmen von Männern und Frauen in ihrem Sterbeprozess. Große Augen voller Tränen und Schmerz, aber auch lächelnde Augen und zum Teil wunderschöne, strahlende Gesichter voller Dankbarkeit und Zufriedenheit. Sie waren alle so unterschiedlich, aber allesamt beeindruckend.

Im Saal herrschte plötzlich eine absolute Stille – kein Small Talk wurde mehr nebenbei geführt, kein Handy leuchtete mehr auf. Niemand beantwortete noch nebenher eine Nachricht auf WhatsApp, checkte seine Mails oder schaute sich die neuesten Storys auf Instagram an. So einen Moment hatte es den ganzen Tag über nicht gegeben. Aber die Bilder sollten nicht schockieren oder erschrecken, sie sollten uns einfach ganz ins Hier und Jetzt holen, unsere volle Aufmerksamkeit einfordern und uns zu uns selbst bringen – zu unserer ganz eigenen Vergänglichkeit. Das haben sie in diesem Moment zu 1000 Prozent geschafft.

Der Speaker war ein Wissenschaftler, der in einem Hospiz den Tod erforschte. Er erzählte, dass jeder Mensch auf seine ganz eigene Weise sterben würde: manche ganz schnell, andere ganz langsam; manche ganz still, andere ganz laut. Oft seien die viel beschäftigten Topmanager und CEOs dieser Welt, die bis zum Schluss gearbeitet hatten, die, die am schwersten loslassen konnten. Und eine einfache Frau, die ihr Leben lang andere gepflegt und versorgt hatte, konnte friedvoll und voller Güte ihre Augen schließen.

Ob ein Mensch mit einem Lächeln auf den Lippen von der Welt geht oder mit einem verkrampften Blick, würde also niemals daran liegen, wie reich dieser Mensch war oder wie viel Erfolg er in seinem Leben gehabt hatte, erklärte der Wissenschaftler. Auch nicht, wie viele Häuser er sein Eigen nennen konnte oder wie viele Oldtimer in seiner Garage standen. Nein, das würde am Ende unser aller Leben gar keine Rolle mehr spielen. Die Essenz dessen, was dieser Mann in seinen jahrelangen Studien untersucht hatte, war, dass sich die Sterbenden ein paar Tage vor ihrem Tod alle nur noch mit einer einzigen Thematik beschäftigten und sich allesamt die gleiche Frage stellten:

»Habe ich genügend geliebt –
und wurde ich genügend geliebt?«

Nur die Antwort auf diese Frage würde darüber entscheiden, ob ein Mensch zufrieden und mit einem Lächeln die Erde verlassen würde oder eben nicht. Mir schossen die Tränen in die Augen – auch heute noch, wenn ich nur darüber erzähle oder wie jetzt gerade diese Zeilen für dich schreibe. Oh Gott! Ich konnte mir diese Frage damals in Singapur einfach nicht mit einem 100-prozentigen Ja beantworten, so sehr ich mir das auch wünschte. Gegenüber meinen Kindern schon, aber in Bezug auf meine sozialen Beziehungen eben nicht, nicht einmal annähernd. Mir flog alles wie Schuppen von den Augen: Ich reflektierte so vieles, und ganz viel Unbewusstes wurde plötzlich ganz klar. Leider auch sehr Schmerzhaftes in meinem Leben wurde für mich spürbar.
Ich saß nun tränenüberströmt in einem dunklen, riesigen Saal, Tausende Kilometer von meinen Kindern entfernt. Mir wurde bewusst, dass das wohl gerade der Moment gewesen war, für den ich nach Singapur reisen musste. Ein 30-minütiger Vortrag eines fremden Men-

schen, der mich so sehr zum Nachdenken brachte. Vor allem über mich. Und ich spürte plötzlich eine unbeschreibliche Dankbarkeit in mir, weil ich erkannte, dass ich jetzt noch die Chance hatte, mein Leben so zu verändern, dass ich mir als alte Frau genau diese Frage zufriedenstellend würde beantworten können.

Was für ein wundervolles Geschenk! Und was für ein wundervoller »Zufall«, dass dieser Mann mir diese Message jetzt schon mit auf den Weg gab und nicht erst, wenn ich wirklich eine alte Frau sein und nicht mehr lange zu leben haben würde. Nun wusste ich auch, warum ich diese sechs Tage aus meinem Mamadasein ausbrechen und um die halbe Welt reisen musste – um mir genau darüber bewusst zu werden. Aber auch, um das genauso für meine Klientinnen, Freunde und Freundinnen sowie alle von mir geliebten Menschen in meinem Leben zu erfahren.

Wir alle haben die Möglichkeit, alles noch zu verändern und so zu lieben und zu leben, wie es sich für uns gut anfühlt. Und das ist auch das, was ich DIR jetzt noch mit auf deinen Weg geben möchte: Nimm diese Erkenntnis und nutze die Gelegenheit! Verändere dein Leben so, dass du, wenn du irgendwann am Ende deiner Tage sein wirst, die Frage mit einem Strahlen im Gesicht für dich mit JA beantworten kannst.

Ab dem Moment, wo mir bewusst wurde, dass ich mir irgendwann diese Frage stellen würde, habe ich mein Leben so viel bewusster gelebt und Entscheidungen ganz anders getroffen. Dass mir und auch dir das nicht jeden Tag gleich gut gelingen kann, ist klar, aber hab einfach immer das Bewusstsein dafür und erlaube dir auch die schlechten Tage – eben mit dem Fokus auf den nächsten Tag, den du wieder mit Liebe zu ganz wundervollen neuen 24 Stunden gestalten kannst. Zwischen all den Tausend Themen im Alltag, mit denen wir uns beschäftigen, geht es in der Essenz doch nur darum: Wie werden wir geliebt und wie lieben wir? Und das fängt schon bei uns selbst an.

Wie sehr und wie aufrichtig lieben wir uns denn selbst? Fakt ist, dass wir uns nur selbst lieben können, wenn wir uns erlauben, so zu sein, wie wir sind.
Deshalb: Erlaube dir, du selbst zu sein. Lass die ständige Selbstoptimierung bleiben und genieße jeden Tag mit deinen Lieben. Umarme innig, küsse viel und vor allem liebe aufrichtig!

Willkommen im Club der Soulwomen!

Alles Liebe
Deine Sarah Sophie

DANKSAGUNG

Es bedarf der besonderen Menschen im Leben, die einem genau zur richtigen Zeit geschickt werden. In meinem Fall war das Anja, leitende Redakteurin im GU Verlag und eine großartige Visionärin, die immer an mich und unser Projekt geglaubt hat und deren Visionen ganz besonders wertvoll sind. Juliane, meine wunderbare Lektorin, die sofort in die Welt der Soulwomen eingetaucht ist und mir mit ihrem Humor und ihren Strategien wichtige Ratschläge mitgeben konnte. Viola, meine liebe Redakteurin, die immer ein offenes Ohr für mich hatte. Der gesamte GU Verlag, der mir die große Chance gab, meinen Lebenstraum zu verwirklichen. Und natürlich meiner Managerin Kim, die mir einfach eine so wundervolle Partnerin in Crime ist.

Ich danke euch allen so sehr! Aber auch all meinen Soulwomen, vor allem die, die ich parallel zu wundervollen Coachinnen ausbilden durfte. Ich danke meinen wundervollen Freundinnen und Freunden für ihre Zeit, Hilfe, ihr Feedback und ihre Geduld mit mir. Danke sagen möchte ich auch bewusst all den Menschen, von denen ich lernen durfte, auch wenn es mitunter schmerzhaft war. Erst durch euch bin ich zu dieser Frau geworden, die ich immer sein wollte und jetzt bin – alles im Leben hat seinen Sinn!

Zu guter Letzt gilt mein größter Dank meiner Familie. Vor allem meiner lieben Mutter, die mir so selbstlos zu Hause den Rücken freigehalten hat, und natürlich ganz besonders meinen beiden wundervollen Kindern, Constantin und Lilly, die mir jeden Tag bedingungslose Liebe schenken und mein Ein und Alles sind.

LIEBE LESERINNEN UND LESER,

wir wollen Ihnen mit diesem Buch Informationen und Anregungen geben, um Ihnen das Leben zu erleichtern oder Sie zu inspirieren, Neues auszuprobieren. Wir achten bei der Erstellung unserer Bücher auf Aktualität und stellen höchste Ansprüche an Inhalt und Gestaltung. Alle Anleitungen und Rezepte werden von unseren Autoren, jeweils Experten auf ihren Gebieten, gewissenhaft erstellt und von unseren Redakteur*innen mit größter Sorgfalt ausgewählt und geprüft.

Haben wir Ihre Erwartungen erfüllt? Sind Sie mit diesem Buch und seinen Inhalten zufrieden? Wir freuen uns auf Ihre Rückmeldung. Und wir freuen uns, wenn Sie diesen Titel weiterempfehlen, in Ihrem Freundeskreis oder bei Ihrem Online-Kauf.

Sollten wir Ihre Erwartungen so gar nicht erfüllt haben, tauschen wir Ihnen Ihr Buch jederzeit gegen ein gleichwertiges zum gleichen oder ähnlichen Thema um.

KONTAKT ZUM LESERSERVICE

GRÄFE UND UNZER VERLAG
Grillparzerstraße 12
81675 München
www.gu.de

IMPRESSUM

Postfach 860366,
81630 München

GU ist eine eingetragene Marke der GRÄFE UND UNZER VERLAG GmbH,
www.gu.de

ISBN 978-3-8338-8878-6

1. Auflage 2023

Projektleitung: Viola Schmid
Lektorat: Juliane Gringer, Silke Panten
Bildredaktion: Simone Hoffmann
Umschlaggestaltung: ki36 Editorial Design, München, Sabine Skrobek
Herstellung: Markus Plötz
Satz: Uhl + Massopust, Aalen
Reproduktion: LUDWIG:media
Druck und Bindung: Livonia, Riga

Ein Unternehmen der
GANSKE VERLAGSGRUPPE

Umwelthinweis

Nachhaltigkeit ist uns sehr wichtig. Der Rohstoff Papier ist in der Buchproduktion hierfür von entscheidender Bedeutung. Daher ist dieses Buch auf PEFC-zertifiziertem Papier gedruckt. PEFC garantiert, dass ökologische, soziale und ökonomische Aspekte in der Verarbeitungskette unabhängig überwacht werden und lückenlos nachvollziehbar sind.

Bildnachweis:

Cover: Frank Altmann
Illustrationen: Diana Mihaleva
Kartendesign: Freunde der Sonne, Köln
Canva.com: S. 112, 113, 120.

Syndication: www.seasons.agency

Wichtiger Hinweis

Die Gedanken, Methoden und Anregungen in diesem Buch stellen die Meinung bzw. Erfahrung der Verfasserin dar. Sie wurden von der Autorin nach bestem Wissen erstellt und mit größtmöglicher Sorgfalt geprüft. Sie bieten jedoch keinen Ersatz für persönlichen kompetenten medizinischen Rat. Jede Leserin, jeder Leser ist für das eigene Tun und Lassen auch weiterhin selbst verantwortlich. Weder Autorin noch Verlag können für eventuelle Nachteile oder Schäden, die aus den im Buch gegebenen praktischen Hinweisen resultieren, eine Haftung übernehmen.